UN PÈRE EN COLÈRE

Jean-Sébastien Hongre

Un père en colère

Max Milo
ROMAN

Collection Roman, Paris, 2013
www.maxmilo.com
ISBN : 978-2-315-00388-4

À ma mère, pour tout ce qu'elle m'a transmis

1

Stéphane remonte la rue principale de Saugny au ralenti, pour se donner le temps, se calmer, reconstituer quelques forces après une journée éprouvante. Au coup de fil de Nathalie, il a deviné qu'il aura besoin de sang-froid. Il lui faudra contrôler son agacement et les effets de la fatigue accumulée. De rares piétons, tête baissée, ombres craintives, se hâtent de rentrer chez eux. Stéphane entend presque les verrous des serrures qui claquent derrière eux lorsque, enfin, ils atteignent leur asile pour la nuit. Cela fait plusieurs années que dans cette petite ville de banlieue, la rue est désertée dès la fin du jour.

Il gare sa 106 le long du trottoir, devant la grande maison en briques rouges. À peine le seuil franchi, il soupire : les cendriers pleins, la boîte de pizza par terre, la dizaine de canettes de bière 8-6 vides sur la table, tout ce désordre lui donne la nausée. Il a un haut-le-cœur tandis qu'il progresse lentement dans la pièce. Il slalome en évitant tout contact avec les détritus, s'oriente à la musique et aux rires en grimaçant. « Ils » sont là, cela ne fait pas de doute, songe-t-il. Devant l'entrée de la cuisine, il se fige malgré lui ; ses muscles se rétractent, tout son être se recroqueville, comme pour se prémunir d'avance des coups qu'il risque de prendre. Cela l'humilie d'être à 48 ans dans cet état de fébrilité, lui qui sait gérer son stress au bureau. Mais il doit passer par là pour retrouver Nathalie, répondre à son appel à l'aide, l'extraire du piège. En bruit de fond, un animateur radio s'esclaffe avec de jeunes auditeurs sur les « fellations profondes », avant d'annoncer la session « Rap Anthologie » et le groupe Lunatic.

En poussant la porte, Stéphane est saisi à la gorge par une épaisse fumée et une odeur de haschisch qui lui brûle les narines. Il découvre quatre jeunes d'une vingtaine d'années dont, face à lui, un beur aux tatouages imposants qu'il connaît de vue, Rachid. À sa gauche, Kamel, un autre jeune beur, un maigrichon à la tête de fouine qu'il se rappelle avoir souvent croisé. L'un roule un joint, l'autre se sert un whisky. Au bout de la table, Léa se tartine un sandwich avec du pain de mie et du jambon sous vide. Fred, de dos, rigole bruyamment, puis cesse lorsque les regards de ses amis se fixent sur Stéphane. Le voilà qui se retourne.

Avec son oreillette branchée à l'iPhone, son survêtement de marque, ses bagues de mauvais goût, Fred ressemble à la version « blanc » d'Anelka ; même apparence « *bling-bling* », même air suffisant, même allure d'adolescent révolté à deux doigts de sortir de la pièce en claquant la porte, et dans les yeux une lueur provocante et agressive. Il a encore forci, tout en muscles. L'apparente puissance de son corps est sûrement indispensable dans son monde, songe Stéphane. Lui a toujours traîné un physique maladif d'intellectuel. Il n'a jamais vraiment aimé ce corps maigre, instable, souvent atteint de bronchites chroniques durant sa jeunesse, sans cesse en trahison ouverte, le poussant à se réfugier dans les livres, les jeux de l'esprit, et plus tard dans les innombrables mystères des mathématiques. Son corps a comme refusé de prendre de l'assurance, lui léguant avec le temps la taille d'un grand enfant chétif et des bras trop maigres. Avec l'esprit logique par lequel il analyse chaque chose, il a conclu depuis longtemps que son physique, quoi qu'il fasse, le desservirait. Il a décidé de ne pas lui donner d'importance, de l'oublier en quelque sorte, de se développer « ailleurs ».

Pourtant, là, Stéphane est rempli d'une fierté incontrôlable devant la virilité de Fred. Il sait bien pourquoi. Il sait aussi que derrière les apparences de la violence brute, une intelligence reptilienne rampe masquée, adaptée à ce milieu.

Léa porte les mêmes Nike que son frère et le survêtement de rigueur, mais de couleur noire. Ses cheveux rasés, son piercing au nez contrastent avec le charme de son visage doux et avec la désarmante fragilité qui naît de son corps menu. Mais l'accueil est glacial : elle ignore Stéphane, concentrée sur la préparation de son sandwich, déléguant à son frère la gestion de la situation. Du haut de leur vingtaine d'années, tous les deux affichent des mines de cadres surmenés, les yeux cernés, les traits tirés. Ils ne sont pas oisifs, c'est évident, et ils se posent en gagnants, fiers, apparemment sûrs d'eux.

Stéphane, avec une voix qu'il veut posée, leur dit bonjour. Ils ne répondent pas. Fred jette un œil rapide au groupe avant de l'interpeller :

— Qu'est-ce que tu viens faire ici ?

Stéphane ne parvient pas à réagir.

Léa a le nez dans son jambon beurre, Fred et les autres le fixent. Tous lui font sentir qu'il est là sur leur territoire. Quelques secondes passent tandis que la radio agresse Stéphane :

« Nous, à défaut on impose nos lieux de non-droit
Maintenant, ils regrettent ces voitures qui brûlent
Qu'on n'change pas un homme en cellule
Où quand la nuit notre victime hurle. »

— Alors quoi ! Qu'est-ce que tu viens faire ? répète Fred.

— Je viens voir votre mère.

— Je n'ai pas trop envie que tu lui prennes la tête. Elle est fatiguée ces temps-ci, maman. Elle se repose. Vaudrait mieux que tu repasses un autre jour.

— Mais elle m'a demandé de passer !

Fred sourit, puis s'adressant à Rachid :

— Hé, Rachid ! Je crois bien qu'il n'a rien compris ! Il croit qu'il peut venir quand il veut, sans prévenir, à la fraîche. J'te jure, c'est abusé !

Le jeune Rachid sourit, l'œil mauvais, et intervient :

— Perso, j'trouve qu'on te manque de respect de débarquer comme ça, sans demander l'autorisation, alors que t'es tranquille avec tes potes !

Fred se tourne vers Stéphane :

— Tu vois, Rachid, il est d'accord avec moi. Alors, t'as compris ? Le mieux, c'est que tu rentres à Rispa.

— Personne ne m'empêchera de voir ta mère, lui répond calmement Stéphane.

Fred se fige. Rachid sourit, saluant des yeux les haines invisibles libérées en un instant. La tension est montée d'un coup, une densité palpable, que le flot musical électrise. Kamel et Léa, apparemment indifférents, ont collé leurs regards contre la table, l'un, pour rouler un joint, l'autre pour finir son sandwich.

Fred se rapproche maintenant à quelques centimètres de Stéphane, souffle contre souffle. Il le dépasse de dix bons centimètres. Il pivote la tête légèrement de côté, pratique d'insaisissables mouvements de va-et-vient, comme de minuscules incursions dans l'étroit espace qui les sépare. Stéphane demeure immobile face à cette énergie noire à quelques centimètres de lui.

— Quoi ? Elle a encore pleurniché ? À cause de la teuf d'hier ? C'est ça ? Tu viens faire ton toutou comme la semaine dernière ? Elle siffle et tu rappliques ?

— Trop de la balle, ricane Rachid en regardant Kamel.

Stéphane encaisse, se répète qu'il ne doit pas s'abandonner à la colère, ni chercher à convaincre, juste ravaler son orgueil. Il l'a ravalé tant de fois pour garder un semblant de contact avec « eux ». À travers les enceintes, le rappeur poursuit son travail de sape :

« … *J'aime qu'on soit soudé chez nous*
Même les culs-de-jatte donnent des coups d'genoux… »

— Mais tu crois quoi ? Que tu vas l'aider comme ça ? poursuit Fred. T'es vraiment à la masse ! Tu sais bien qu'elle est à la rue ! Alors pourquoi tu ne la laisses pas tranquille ? Pourquoi tu viens foutre ta merde ? Si tu voulais l'aider, c'était avant qu'il fallait le faire !

Fred lui postillonne sur le visage. Il faudrait s'échapper, mais les pieds de Stéphane sont collés au sol. Il ne bouge pas, le visage toujours à quelques centimètres de celui de Fred. Curieusement, il a laissé le rythme du rappeur pénétrer en lui. Il sent un allié inattendu dans cette voix lourde et menaçante. Ça lui donnerait presque la force de répondre, de casser l'insolence de Fred, de lui donner une bonne correction, une fois pour toutes. Mais c'est un peu tard. Son ami Rachid observe la scène, en embuscade. Léa, indifférente, insère des cornichons dans son jambon beurre.

« … La taule c'est la pression, nourrit l'instinct d'révolution
Donc nique sa mère la réinsertion… »

— Allez, réveille-toi. Faut que tu partes, maintenant ! Qu'est-ce que t'attends ?

Maintenant, Fred repousse Stéphane d'une pichenette légère sur son épaule.

— Ne me touche pas ! Je suis ton père quand même ! se libère Stéphane.

Fred, qui n'a pas bougé d'un pouce, éclate de rire. Il se retourne :

— Matez-le, comme il est vener ! C'est peut-être l'odeur du shit ! Hé, Rachid ? Tu l'as achetée où, cette merde ? Papa, faut l'excuser, il y a trop de demande en ce moment ! Pas vrai, Rachid ? Putain, Papa, t'as l'air tout pâle ! T'es cassé ? Elle va rien comprendre maman, quand tu vas causer !

Tous rigolent un bon coup et Fred va s'asseoir devant ses amis, sans aucun regard pour son père. Maintenant, Stéphane recule, lentement, le regard dans le vague. Juste avant qu'il ne disparaisse derrière la porte battante, Léa a tout de même hésité un court instant, et, il a perçu en elle un peu de compassion ; comme si, finalement, elle estimait que son frère était allé trop loin. Au final, elle n'a pas bougé.

Stéphane s'éloigne dans le couloir, abandonnant derrière lui une tranche de lui-même, l'estime de soi piétinée, le lien filial désossé.

— Quel petit con ! se répète-t-il en s'accroupissant en bas des marches, tremblant, les dents serrées.

Il imagine, la veille, la maison envahie d'une trentaine de jeunes de la cité voisine, la musique à fond, les rires, les hurlements, les débuts de bagarres. Nathalie n'a pas dû beaucoup dormir. C'est pour cela qu'elle l'a appelé. Car elle n'avait pas grand monde à appeler. Cela fait plusieurs années qu'elle n'a plus besoin d'un carnet d'adresses. Les deux seuls numéros qu'elle connaît par cœur sont ceux de son père, Bruno, et de son mari. Stéphane reste assis, les mains sur le front, en bas des marches. Il se dit qu'il n'y a que lui qui peut comprendre l'extrême solitude dans laquelle la dépression et probablement ses enfants ont progressivement enfermé Nathalie. Aujourd'hui, au téléphone, elle a appelé Stéphane au secours. Et maintenant, ça suffit. Il a décidé de réagir, quelles que soient les objections de Nathalie. Car depuis des mois, il le sait, Fred et Léa élèvent une tour pour isoler leur mère, une tour entourée d'un fossé qui s'est rempli des pleurs silencieux qu'elle n'a plus la force de retenir, cloîtrée dans sa chambre.

2

Il monte, parvient à l'étage, devant la porte entrouverte. Nathalie ne semble pas l'avoir entendu. Elle est assise en tailleur, au centre du lit, des dizaines de photos étalées sur la couverture. Elle joue de ses doigts avec les extrémités des manches d'un de ses pyjamas. Il la trouve émouvante.

Stéphane balaye la chambre du regard et retient un cri. Sur chaque mur, sur la porte de la salle de bains, sur les pans en bois des deux armoires, au plafond, et même sur chaque carreau de la fenêtre, sont collées de manière anarchique des centaines de photos. Certaines sont agrafées directement dans le plâtre, d'autres punaisées ou scotchées. Partout Fred et Léa, et pas une photo qui ne les montre après 10 ans. La pluie frappe contre les volets fermés ; Stéphane se noie dans le spectacle de cette chambre transformée en musée. Les photos pendent aux murs dans diverses positions, comme des papillons morts. Aucune cohérence chronologique, si ce n'est que toutes ces photos se limitent à la période de l'enfance.

Son regard se suspend à l'une d'elles ; Léa lui sourit, éclatante, baignée des lumières claires de la mer. Les dunes à l'arrière paraissent comme le prolongement d'un désert vierge. Elle a 5 ans. Il pensait alors avoir greffé à jamais une chaîne entre leurs deux cœurs. Il a été si proche de sa fille, complice, ami de jeu, père réconfortant. Et puis, un jour, tout a changé. Elle est devenue indifférente, ingrate, vorace d'indépendance. Année après année, cette distance l'a torturé comme un surin remué dans le cœur. Il espère encore réveiller, un jour, un peu de cette sorte d'amour dont on raconte qu'une fille éprouve à vie pour son père. Pourtant, en bas, dans la cuisine, quand son fils l'a humilié, Léa n'a pas bougé.

Une autre photo. Fred se tient dans le salon, dos au mur, des jouets plein les pieds. Il sourit. Il vient de sortir de sa chambre, débordant d'une énergie si inutilement dépensée, à l'aube. Un beau moment.

« Il y a eu du merveilleux à avoir donné la vie, mais avec le temps ne sont demeurés que les devoirs, sans aucune compensation », songe Stéphane.

Son regard revient sur Nathalie, dont le visage est éclairé d'une affection profonde et puissante. Les yeux joyeux, elle saisit à nouveau une photo dans la boîte à chaussures à sa droite. Elle doit probablement être en train de sélectionner celle qu'elle accrochera au mur ce soir. Un rire gras monte du séjour et la perturbe. Elle lève la tête, sursaute en découvrant Stéphane, puis range maladroitement les photos.

Lui observe son visage qui se charge brutalement de marques de fatigue. Il y demeure toutefois une beauté intacte, une aura qui ravive les douleurs de la séparation, attise la sensation de gâchis. Le charme palpite encore sous la lassitude.

— Ah, te voilà… excuse-moi de t'avoir fait déplacer, je sais bien qu'avec ton travail, ce n'est pas facile…

Stéphane ne dit rien, s'approche, dépose une bise sur sa joue et s'assoit sur le côté du lit. Elle poursuit :

— Tu sais, on en a souvent parlé, les enfants… enfin, j'ai bien réfléchi ces derniers jours et je voulais te dire que tout ça… c'était sûrement perdu d'avance. On aurait dû partir, ne pas chercher à jouer les don Quichotte… c'est toi qui avais raison. Je m'en rends bien compte…

— Arrête, tu sais bien que ce n'est pas ça. Je suis responsable aussi et puis, on ne sait jamais, les choses peuvent encore changer. On peut essayer de les faire changer !

— Tu leur as parlé un peu ?

— Oui… oui un peu… des banalités…

Stéphane n'ose pas la regarder. Il se doute qu'elle a entendu au moins une partie de leur échange. Nathalie se met alors à sangloter, silencieusement. Stéphane la prend dans ses bras, réalisant à quel point elle est amaigrie, vidée de toute énergie. Son visage gris, ses cernes, les creux dans ses joues, on dirait une junkie. Il lui tient la main. Cela fait tellement d'années que ça ne va plus, songe-t-il. Et il n'a pas toujours su comment l'aider. Alors, maintenant, il faut réagir.

— Tu devrais venir vivre chez moi quelque temps, tente-t-il enfin.

Elle relève la tête, s'essuie les yeux avec un Kleenex.

— Tu cherches un plan cul ?

Il sourit.

— Non, vraiment, ça te ferait du bien de sortir, de…

— De ce piège ? Je m'y suis adaptée. Et puis, tu sais, avec Léa, on discute parfois, de choses anodines. Elle se montre plutôt douce avec moi, quand son frère n'est pas là.

— Tu t'es peut-être justement trop habituée. Tu supportes l'inacceptable, tu as simplement augmenté ta capacité à encaisser. Je te l'ai dit mille fois, ça fait trop longtemps qu'on se contente de gérer la situation. Maintenant, on doit se sauver nous-mêmes si on veut sauver Fred et Léa. Il doit bien y avoir une solution.

— La solution ? Il n'y a pas de solution, en tout cas pas tout de suite. Tu veux m'aider à choisir une photo ?

Stéphane la regarde. Il saisit la boîte à chaussures et la lui tend. Ils se mettent à jouer avec ces photos, à sourire aux souvenirs agréables, au temps d'espérance et d'insouciance. Leurs paroles sont rares.

Des cris montent soudain de la cuisine. C'est Fred qui s'énerve. Nathalie se tend, figée.

— Déjà bébé, il hurlait toute la nuit, soupire-t-elle.

Stéphane ne répond pas. Il se rappelle les deux premières années, durant lesquelles Fred, bébé, les avait empêchés de dormir. Nathalie voulait qu'ils l'emmènent voir un pédopsychiatre. Stéphane avait refusé. Il se dit aujourd'hui qu'il aurait dû suivre l'instinct de sa femme. Il avait refusé de l'entendre, convaincu de pouvoir régler ça tout seul. Orgueil mal placé, lui avait-elle reproché.

Il lève les yeux vers le mur, navigue sur les photos de la petite enfance. Il se souvient de cette période sombre, un long tunnel sans issues apparentes. Jour après jour, semaine après semaine, comme la mer grignote implacablement la pierre, le manque de sommeil les avait peu à peu abandonnés à un état de fatigue permanent. Il les avait livrés à un douloureux et incommunicable état, une longue dérive léthargique. Il était devenu le voyageur clandestin de leur couple, un crabe qui pinçait leurs nerfs jusqu'à provoquer un cri de trop, une parole qui dépassait la pensée, mais qui blessait malgré tout. À cette époque, un soir qu'ils étaient épuisés, d'un ton neutre, Nathalie avait vidé son sac :

— Tu sais, je crois que, malgré eux, les enfants séparent les parents en silence. C'est une tendance naturelle contre laquelle il faudrait lutter. Ils remplissent nos vies de logistique, d'intendance, de devoirs de toute sorte, de culpabilité aussi et nous deux, après, on n'existe plus que pour eux. Des ogres… Vraiment, enceinte, je n'imaginais pas cette intendance permanente qui allait naître de mon ventre, le travail que ces deux bébés inaptes à tout imposent. Même si je les adore, tu le sais bien. Regarde, la machine à laver n'en finit pas d'avaler et de régurgiter leurs pyjamas, leurs T-shirts maculés, leurs bodies, leurs chaussettes, leurs bavoirs, et aussi tes chemises. En élevant nos enfants, je crois bien que je cesse de vivre pour moi. Je suis devenue vieille.

— Tu es malheureuse ?

— Ça va aller mieux quand on pourra dormir. Au fond, je me plains, mais j'aime bien ce désordre que nos deux enfants sèment à tout instant. On dirait que notre maison respire à pleins poumons…

Stéphane se rappelle qu'il l'avait prise dans ses bras, et ils avaient fait l'amour pour la première fois depuis des mois.

Maintenant, Stéphane se penche vers la boîte à chaussures. Il saisit méticuleusement trois clichés.

— Alors, laquelle de ces trois-là mérite qu'on la place en face ? demande-t-il à Nathalie

Une heure plus tard, elle s'est endormie. Stéphane descend. Fred, Léa et leurs amis sont sortis. Il a beau retourner les arguments depuis des semaines, il sait qu'aucune discussion rationnelle avec ses enfants ne sera possible. Que faire ? En quittant la maison, Stéphane ne peut se défaire d'une angoisse croissante, quelque chose comme la peur d'une chute dans le vide.

3

Il fait nuit. Rachid est parti en virée à Paris en faisant crisser les pneus de son Audi. Kamel marche avec Fred le long de l'allée qui remonte vers la cité. Leurs épaules se touchent parfois. Ils viennent de quitter la maison. À quelques pas, Léa les suit.

— Putain, t'as balancé à ton père ! Il était mal. Ca m'a mis mal à l'aise… tente Kamel.

Fred fronce les sourcils.

— Qu'est-ce que tu crois ? J'allais pas le frapper, t'es ouf. Mais bon, il ne faut pas qu'il croie qu'il peut se pointer comme ça. Imagine qu'on soit en train de bosser !

— Déjà qu'on a rendu ouf ta reum avec la teuf d'hier soir…

— Vas-y, lâche-moi, t'as bien kiffé hier soir. Il y avait plein de monde ! Même Rachid n'en revenait pas. Alors quoi ? Tu crois que j'avais le choix ?

Dans cette dernière phrase, Kamel a senti de l'exaspération, presque un soupçon de menace. Il sait qu'il doit beaucoup à Fred. Pourtant, il regrette presque ces temps où ils étaient tous les deux unis, car victimes, solidaires dans la peur. Kamel observe depuis des années son ami changer, devenir plus intransigeant. Avec sa sœur, ils ont colonisé la maison familiale. Cela facilite les choses, d'autant plus qu'elle est située légèrement en dehors de la cité, et qu'une descente de flics y est peu probable. On y stocke beaucoup. Kamel n'aime pas trop ça. Les voir enfermer leur mère dans une prison d'intimidations le gêne.

— Tu devrais peut-être changer de planque ? Pour ta mère ? Elle est un peu en train de craquer, non ?

Fred se met alors à hurler que « cela ne regarde pas Kamel, que de toute façon, sa mère est dépressive, à cause de son métier de merde, à cause de Stéphane qui a toujours été esclave de son taf de merde, à cause de "l'histoire" avec Bamba, et d'ailleurs, Bamba, ils auraient mieux fait de demander à Rachid de l'achever il y a cinq ans, de lui crever les yeux, à ce fils de pute, de lui rentrer les couilles dans la bouche ». Il faut toute la persuasion de Kamel pour empêcher Fred d'envoyer quelques brutes se défouler à nouveau sur le pauvre Bamba.

— Tu sais, elle est comme ça, ma mère, alors il n'y a rien à faire, conclut Fred sèchement.

Parvenus en bas du bloc, ils retrouvent quelques connaissances. Après quelques bières et pétards, Fred et Kamel rient en se remémorant leur enfance :

— Si tu veux, je pourrais t'aider, on serait à nouveau ensemble, tente Kamel sans y croire.

— Écoute, Kamel, arrête ton délire, tu sais ce que tu dois faire. Alors, fais-le. « On » n'a pas fait tout ce chemin pour rien, lui répond Fred en souriant.

— Oui, je sais. Tu as raison.

Léa se tient à l'écart, silencieuse comme souvent, les yeux dans le vague. Kamel sent bien qu'elle n'aime pas trop traîner en bas des blocs avec les petits frères. Elle les trouve plus incontrôlables qu'avant. Depuis toujours, elle émeut Kamel. À mesure qu'il l'a vue se refermer, un mystère s'est ajouté au charme qu'elle exerce sur lui. Il n'imagine pourtant pas en être digne ; il a trop conscience de son physique de cloporte, comme ils disent, les autres. Il espère simplement une amitié ouverte. Malheureusement, avec le temps, il a l'impression qu'elle l'évite, sans doute pour repousser les souvenirs noirs. De toute façon, il n'a plus le temps pour ça. Il est face à l'épreuve de sa vie, un moment critique l'attend bientôt, et peut-être, tout au bout, son évasion définitive de la cité.

4

Stéphane roule sur la chaussée humide et glissante, croise quelques voitures inquiétantes. Il est minuit, l'heure des débuts de soirée, des premiers alcoolisés, l'éveil des prédateurs. Des blocs d'immeubles gris alternent avec des magasins d'accessoires pour automobiles, des parkings, des *hard discount*. Les embranchements vers des ZAC et des ZUP s'enchaînent, et l'on ne sait plus très bien si l'on est en ville, sur l'autoroute ou dans un centre commercial hideux.

Stéphane, qui connaît ce parcours par cœur, s'est toujours étonné qu'un jour, on ait pu concevoir ce fatras de béton. Sans doute croyait-on n'avoir aucun autre choix, comme à chaque fois qu'une horreur se produit sur Terre.

L'horizon de Paris s'étend enfin devant lui, apaise son regard, le rassure un peu. Stéphane se gare à deux pas de la porte de Clichy. En rentrant chez lui, il s'avachit sur le canapé. Il songe que ses enfants auraient pu être élevés ici. Tout aurait peut-être été différent à l'intérieur des murs de la capitale. Agacé par ces pensées, il se lève et rejoint sa chambre. Il ferme les volets, se couche sans attendre, pressé de dormir. Il aurait préféré que ce soit la fin du week-end et non le début ; il aurait préféré, dès le lendemain, pouvoir se noyer dans ses projets, jouer un rôle au bureau, faire disparaître les images insupportables qui s'entrechoquent dans sa tête ; la détresse de Nathalie, la haine dans les yeux de son fils, l'indifférence dans ceux de sa fille, et cette phrase qui se répète à l'infini : comment ai-je pu accepter ça ?

Une étrange envie d'être à nouveau proche de Nathalie monte en lui, le désir de veiller sur elle, l'espoir de sauver quelque chose de sa famille…

Le lendemain, vers 13 h, il s'éveille, la culpabilité au ventre, l'esprit bloqué, la bouche pâteuse. Il se prépare lentement un expresso, une tranche de pain de mie grillé, et s'installe sur son fauteuil en cuir. Il observe avec mépris les moulures des murs de son deux-pièces, cette location à bon prix qui n'a jamais été chaleureuse.

Des murs blancs et immaculés, une absence totale de photos, ici, rien n'a changé d'un pouce depuis le jour de son emménagement. Il songe à son passé ; quelque chose se fend en lui. Il se frappe les genoux avec les poings, se demande ce qui lui arrive. On ne devrait jamais héberger en soi ces pensées terribles sur ses propres enfants, se dit-il. Mais comment accepter ce que Fred et Léa font subir à leur mère ? Comment accepter qu'ils l'aient manipulée au point qu'un mur de photos soit devenu le seul miroir où elle puisse se regarder ? Se condensent des années de patience, d'acceptation, de compromis. Une force de destruction est à l'œuvre dans son propre foyer. Est-ce parce qu'il a abandonné le champ de bataille ?

Au même moment, à quelques kilomètres, Nathalie, porte entrouverte, écoute ce que Fred, Léa et leurs amis se disent. En bas, on parle « coke ». Il semble qu'à 30 euros le gramme de cocaïne, en soirée, et plus seulement dans les beaux quartiers, on n'hésite plus à faire la queue devant les toilettes pour se tartiner le nez et faire « comme les artistes ». Alors on vient s'approvisionner à Saugny. Une aubaine pour Fred et Rachid. Un business en pleine expansion.

Ils doivent aussi en consommer pas mal eux-mêmes, se dit Nathalie. Cette instabilité d'humeur ou cette sensation de « toute-puissance » qu'ils arborent laisse peu de doute. C'est assez déprimant. De toute façon, elle ne va pas bien. Elle devine que Stéphane n'est pas lui non plus au mieux. Il semble démuni. Et encore, il ne connaît pas tout. Il ne sait rien de ce Rachid qu'il a croisé la veille et qui est devenu le « boss » incontesté du territoire. Il fait peur, ce gamin. Il a depuis longtemps une prédisposition au mal, un penchant certain pour la domination des autres. Elle, à force d'entendre leurs conversations, elle a compris que Fred et Léa sont devenus les plus gros revendeurs de coke de Rachid. Elle qui pensait qu'ils ne dealaient que du shit.

Léa, avec son éternelle allure d'enfant, entre dans toutes les maisons, rassure, joue de son « innocence ». De son côté, Fred a, semble-t-il, mis en place une logistique puissante et un circuit de distribution à l'efficacité redoutable. Il gère de nombreux vendeurs, qui défilent une fois par semaine à la maison, des gamins, certains d'à peine 10 ans. Tout ce petit monde est payé cash. Pôle emploi, c'est ici songe Nathalie. Pour moi qui aimais faire du social, je suis comblée… L'ascenseur social fonctionne à plein régime, et son moteur tourne aux substances chimiques. D'ailleurs, Fred adore jeter des liasses de billets sur la table pour me narguer. Il est bien de son époque. Nous, ses parents on est des « loosers » à ses yeux.

Au moins, cette réussite les rend moins directement agressifs avec elle. Ils la laissent tranquille tout en occupant le terrain. Fred se pose en maître de maison. Il l'a fait comprendre la veille à son père. Elle a bien entendu la scène. Elle n'en peut plus. Même son mur de photos ne cache plus les moisissures. Longtemps, en mère, elle a pensé que Fred et Léa pouvaient avoir besoin d'elle. La réalité, c'est que maintenant, elle se sait totalement inutile. Elle l'a compris récemment : c'est même son départ qui peut encore les sauver. Car au fond, inconsciemment, sa présence doit tout de même les rassurer. Il est plus facile de faire des bêtises quand maman regarde sans rien dire.

5

C'est fait, tout est prêt. L'obscurité du crépuscule la protège du regard des voisins. Devant elle, trois sacs-poubelle de 30 litres doublés, pleins à craquer, qu'elle a descendus avec effort de sa chambre. Cette fois, Nathalie ne peut plus revenir en arrière, il faut les faire rentrer dans la petite Clio. C'est curieux que toute sa vie tienne là-dedans. Elle peine à les placer sur la banquette arrière. Elle pousse, se contorsionne, fait entrer le premier, dont elle déchire un coin, jure, insère le second en se disant que le destin s'acharne à s'opposer à elle, redouble d'efforts. Elle se presse, enfourne le troisième sac-poubelle dans le coffre et se met au volant. Il ne faut pas qu'elle tarde, les enfants pourraient la surprendre ; elle aurait honte sans doute. Elle est suffisamment déterminée pourtant, elle sait enfin ce qu'elle va faire. Elle a beaucoup réfléchi en triant les photos. Le combat était truqué. Depuis des années, avec Stéphane, ils font face à de sombres forces de déshumanisation de leurs enfants, des puissances souterraines, destructrices de valeurs que des siècles d'efforts étaient péniblement parvenus à faire émerger. Ou alors ces valeurs n'ont jamais vraiment existé, c'étaient des fantômes, des leurres, un décor de carton-pâte.

La civilisation occidentale se termine en queue de poisson dans une impasse de banlieue, au rythme du hip-hop, au son des cascades de Hollywood, à l'ombre du star-system. Nathalie démarre, l'esprit plein d'idées confuses, puis, allume le chauffage.

Maintenant, elle roule, s'éloigne du centre-ville et, en sortant de Saugny, elle se détend, cesse de jeter des coups d'œil dans le rétroviseur. Elle a rejoint les anonymes. D'ailleurs, elle ne déposera pas ses sacs dans la décharge de Saugny, elle ne veut pas qu'on puisse les retrouver. Après six kilomètres, elle se range à côté du parking d'un hypermarché. Quelques ombres découpent la zone éclairée de néons agressifs. Elle sort de la voiture et jette les trois sacs dans une benne, sans éprouver la moindre émotion. Elle est déjà repartie. Pour l'instant, elle ne craque pas, tient le découragement à bonne distance. En somme, elle ruse avec elle-même.

Elle est persuadée qu'en partant, elle ouvrira la possibilité d'un futur, mais lequel ? Elle se demande ce qu'il adviendra de ses enfants. Comprendront-ils qu'elle devait partir, les quitter ? Sans doute que ça les arrangera, qu'ils seront satisfaits de disposer de la maison, que ça les rassurera même de la savoir ailleurs. Ou pas. Car loin de maman, leurs activités vont apparaître pour ce qu'elles sont : rien.

Et Stéphane ? Elle songe à lui, à leur passé, à leur rencontre il y a plus de vingt ans, à ce jeune homme de petite taille à l'allure de scientifique qui passait curieusement d'un rayon à l'autre, ce jour où ils se sont rencontrés dans une librairie. Il paraissait étrangement « décalé », isolé dans son monde par une sorte de manie ou d'obsession. Jusqu'ici, dans le 3e arrondissement de Paris, elle avait côtoyé tout un tas de garçons brillants, qui savaient se mettre en valeur, attirer la lumière à eux, jouer d'esprit en public. Mais ils l'ennuyaient, elle qui rêvait d'enseigner, de causes sociales à défendre, d'altruisme. Stéphane l'avait attiré, car elle avait deviné qu'il était différent, un provincial, sans aucun doute, fragile, ayant vraiment besoin d'elle. Elle sentait d'instinct qu'il avait voyagé dans le paysage social, qu'il avait navigué entre des milieux différents. Elle avait saisi sur l'étal L'*Idiot* de Dostoïevski et lui avait demandé en souriant s'il connaissait ce roman. Il avait semblé désemparé. Ils avaient parlé, enfin surtout elle. Nathalie avait immédiatement compris que Stéphane était d'une nature timide. Il devait normalement éviter le contact des autres. Elle soupçonnait un esprit en autarcie, et derrière ses beaux yeux d'un marron sombre, un fond de caractère têtu proche de la terre. Il la touchait déjà par une pudeur inhabituelle, un manque apparent d'agressivité ou de désir de conquête. C'est en parlant sans cesse qu'elle avait réussi à l'apprivoiser ce jour-là.

Voilà bientôt une demi-heure qu'elle roule. Elle débouche sur une belle ligne droite qu'elle connaît bien et que la nuit noire ne découvre qu'à la lueur de ses phares. Les nuages couvrent le ciel et un léger brouillard masque la chaussée. On n'y voit pas à vingt mètres. Ici, il n'y a jamais eu de lampadaires, c'est une zone industrielle.

Au bout de cette ligne droite, il y a sa liberté.

6

Stéphane pénètre dans le vaste hall essoufflé. Il est stoppé dans sa course par un agent de sécurité. Le sol, les bancs en PVC collés au mur comme des appendices indéboulonnables, les néons incrustés, tout transpire l'aseptisé. Il s'agit peut-être de faire oublier que la chair, les os, le sang forment la matière première de cet hôpital.

Sur la droite, deux jeunes blacks se font soigner, le résultat d'une obscure bagarre rangée sur un terrain de foot, explique le vigile. De l'autre côté, un beur d'à peine 15 ans, aux cheveux bouclés maculés de sang, se serait fait lyncher à la station du RER pour avoir refusé de donner son téléphone portable à une bande. Il en a réchappé in extremis. Il demeure sur ses gardes, jette régulièrement un regard inquiet sur la double porte d'entrée vitrée. À deux pas, d'un ton doux et pédagogique, comme on le fait avec les enfants, une infirmière gronde une vieille femme qui vient de s'oublier. Un spectacle fréquent aux urgences à 21 h, un samedi soir, poursuit le vigile en riant, comme indifférent à ses propres mots. Les cris de douleur et les éclats de voix des impatients transpercent le vaste hall aux murs usés. Toutes ces blouses blanches silencieuses, écrasées par le poids de leur charge, se pressent d'un malade à un autre. Dans un passé lointain, l'un ou l'autre de ces désabusés a sans doute rêvé de reconnaissance. Stéphane avance et interroge à tout va pour trouver l'infirmier qui l'a appelé. Finalement, on l'oriente vers celui qui l'a prévenu de l'accident. Pâle, épuisé, un jeune homme à la blouse maculée se tient à côté d'une vieille machine à café, un thé à la main, perdu dans ses pensées. Lorsque Stéphane se présente à lui, il parle le regard dans le vague :

— On n'a rien trouvé sur elle, et dans son portable, il y avait que deux numéros, on a en appelé un au hasard. Un tout droit dans un virage, un direct sur le mur, j'avais jamais vu ça et pourtant j'en ai vu. Elle devait rouler sacrément vite. Elle a été éjectée lors du choc. Heureusement d'ailleurs, car la voiture était dans un sale état, broyée et carbonisée. Tout a cramé à l'intérieur. Enfin… excusez-moi de vous raconter tout ça… ça m'a un peu bousculé. Elle est en salle d'opération en haut… ça va aller…

Stéphane monte pour attendre la fin de l'opération. Dans l'entrée vide et glaciale, il tente de patienter devant l'alignement des blocs opératoires. Assis sur un banc en métal, il compte les minutes qui s'écoulent dans l'angoisse. Il est là, à quelques mètres d'elle, et pourtant si loin. Il ne se sent pas la force de prévenir les enfants en tentant un appel sur le fixe. En fait, il enrage contre eux. Il se doute que ce qui s'est passé ces dernières semaines, ces derniers mois, a trouvé ce soir son aboutissement fatal. Il se rappelle sa visite la semaine précédente, l'attitude de ses enfants, la détresse de Nathalie. Il a réagi trop tard. Elle a craqué. Il se ronge ce qui lui reste d'ongles, décroche avec ses dents quelques lambeaux de peaux aux extrémités de ses doigts, comme pour provoquer la douleur, se punir vaguement. Il sent une brûlure en lui gagner du terrain, ses nerfs se tendre, une volonté de destruction l'envahir.

Un lit roulant sort enfin du bloc, on le place dans une chambre adjacente. Stéphane sent d'instinct que c'est elle. Il se lève et s'approche pour regarder à travers la vitre. On s'active, blouses blanches et blouses vertes, chimistes et chirurgiens, analystes et manuels. Ils prennent des précautions pour palper chaque membre, comme s'ils avaient peur qu'ils ne s'effritent et ne chutent à terre en mille morceaux d'os brisés. À travers la vitre, Stéphane perçoit ses bras striés de longues traces bleues, couverts de pansements, et son corps étroitement enveloppé d'un drap blanc taché de sang. Il devine ses formes et se demande comment, ces derniers temps, il n'a pas remarqué que Nathalie avait maigri à ce point. Sous le tissu, il distingue les angles droits tout le long. Il cherche à entrevoir son visage, ne distingue qu'une forme ronde et rouge, comme de la chair à vif, poussée de l'intérieur, gonflée, à la limite de la rupture. L'explosion avant, l'implosion, après. Ou l'inverse, il ne sait plus.

« Elle a bien résisté, elle se bat », lance un infirmier qui passe en coup de vent. Stéphane n'en croit rien. Trop d'inertie. Nathalie aspire au repos final, refuse de revenir au monde des luttes intestines, des crises et des cris. Il voudrait lui tenir la main. Ça aiderait peut-être à mieux partir, ou à revenir, mais les infirmiers le refoulent.

Enfin, un homme s'approche à pas vifs. Stéphane lui explique qui il est en balbutiant. Ce jeune médecin, pas même la trentaine, affiche une belle assurance. Il lui annonce une série de mauvaises nouvelles avec professionnalisme et l'invite à rentrer chez lui, car, lui dit-il, sourcils froncés, Nathalie est plongée dans un coma dont elle ne devrait pas sortir avant quelques jours. Mais ce sera un « marathon ». Il lui faut prendre du repos. Il note personnellement le téléphone de Stéphane pour pouvoir le prévenir, « au cas où ». Il serre sa main avec vigueur, pour preuve de sa détermination, et disparaît dans le couloir. Stéphane demeure un instant immobile, ratatiné sur lui-même. Il y a quelque chose d'irréel à imaginer la mort de Nathalie, le monde sans elle. Il ne parvient pas à y croire, il ne peut admettre qu'elle ne puisse pas sortir de son coma. Elle va lui revenir, bouger un doigt, puis une main, pour enfin tourner la tête et du regard lui dire : je suis là, je suis revenue.

Stéphane marche quelques mètres dans le couloir, sans chercher la sortie. Il trouve la porte des toilettes et c'est là qu'il choisit de pleurer longuement.

7

Stéphane sort du bâtiment. Il est décidé. Il doit prévenir les enfants, les amener à leur mère. Il monte dans sa voiture, appelle son beau-père Bruno, tombe sur son répondeur, lui laisse un message avec l'adresse de l'hôpital. Il faut le prévenir vite, lui aussi, pour qu'il soit là « au cas où... ». Une demi-heure plus tard, il arrive à Saugny, remonte la rue principale, découvre deux nouveaux commerces fermés. Il dépasse le café principal muré depuis de longs mois. Ce territoire à peine urbain le glace, lui est devenu étranger, hostile. Il se rappelle que cette ville a pourtant été comme un membre de sa famille. Un temps, la vie y fut agréable et douce. Souvent avec Nathalie, lorsqu'ils s'y promenaient, elle s'amusait à le mettre mal à l'aise en interpellant amicalement une connaissance du lycée, un parent d'élève, un collègue.

Elle l'impatientait en engageant des conversations anodines et légères avec la boulangère ou le charcutier. Elle le « sociabilisait », disait-elle en souriant. Lui qui était si timide, ou peut-être un peu misanthrope, elle le jetait dans la fosse aux lions et il aimait ça, au fond. Ils étaient convaincus d'être faits l'un pour l'autre, amoureux d'une même réalité, d'un possible futur commun. Ils rêvaient de voir vibrer d'une vie enfantine cette grande maison qu'ils venaient d'acheter à crédit.

Stéphane tente de se concentrer sur la route. Devant lui, à une vingtaine de mètres, le carrefour par la droite permet de rejoindre Paris, et par la gauche, il mène, une centaine de mètres plus haut, à la cité et au collège dans lequel a travaillé Nathalie. Il parvient à l'extrémité nord et se gare le long de la maison. Il remarque à peine l'état de dégradation du jardin et des fenêtres. La pelouse a disparu et une mare de boue a envahi la cour. Éclairée par la lumière froide des lampadaires, la maison a l'air abandonné. Il faut pourtant qu'il trouve ses enfants, qu'il les emmène près de leur mère. Le son de leurs voix, leurs chairs contre sa chair, leurs odeurs, il y a là, nécessairement, des traces d'amour, peut-être la possibilité d'un sursaut, la mise en échec de toutes ces forces obscures qui ont probablement poussé Nathalie à jeter sa voiture contre un mur à 120 km/h. Mais vont-ils seulement l'écouter, ces êtres indifférents qui portent le prénom de ses enfants ?

Il tourne la clé qu'il a toujours conservée et entre dans le séjour. Pas un bruit. Il appelle à voix haute, pas de réponse. Ils ne sont pas là. Contrairement à la dernière fois, tout est étonnamment propre, rangé, nettoyé. Sans doute Nathalie a-t-elle souhaité marquer ce territoire de son empreinte une dernière fois, avant de partir.

Stéphane observe le vaste salon. La semaine dernière, il l'a traversé dans l'obscurité. Cette fois, il prend conscience que cette pièce est devenue intégralement une annexe de la chambre de son fils, une sorte de prise de guerre, probablement aussi, le terrain de jeu de tous ses acolytes, cette armée d'occupation en pillage permanent. Partout, les signes de leur hégémonie. Les livres sur la bibliothèque ont disparu au profit d'une trentaine de DVD dont les jaquettes évoquent des scènes de barbarie où il imagine que sont orchestrés toutes sortes de sévices gratuits. La torture est à la mode.

Il s'approche de la cuisine. Personne. Il se décide à monter à l'étage, jette un œil dans la chambre de Fred, puis dans celle de Léa ; elles sont dans un désordre inouï. Il rejoint la chambre de Nathalie. Il voudrait qu'elle soit là, il voudrait lui parler encore, la prendre dans ses bras, comme la dernière fois qu'ils se sont vus ; il voudrait pleurer avec elle, écarter ce voile gris installé devant ses yeux, y réinstaller le bleu pétillant originel, la sauver.

Il tourne la tête, son regard allant du mur vers le lit et la commode. Il n'y a plus rien que les photos de ses enfants. Il a envie de fouiller, hésite ; les tiroirs sont vides. Les petits objets que Nathalie collectionnait avec tendresse, les figurines, les porte-clés, les dizaines de marque-pages qu'elle ne parvenait jamais à jeter et qu'elle entassait, tout a disparu. Dans la salle de bains, pas de trousse de toilette, aucune crème, aucun rouge à lèvres, rien de tout ce fatras féminin qui débordait. Il ne reste rien d'elle. Un passé effacé, balancé sans doute quelque part, comme pour signifier que rien de tout cela n'a existé, qu'elle-même n'a pas existé. Stéphane se sent fasciné par cette volonté de disparaître sans laisser de traces. Il aurait envie de plonger dans ce puits de néant. Il s'allonge sur le lit et ferme les yeux en souriant comme un demeuré. Il réalise brutalement qu'il glisse à son tour, aimanté par cette puissance d'autodestruction. Un trou noir s'ouvre en lui. Il perd le contrôle. Il a soudainement envie de vomir, se retient, en sueur, fiévreux. Il a l'impression de transpirer son existence par tous ses pores. Le vide l'aspire, sa raison se dérègle, impuissante, les digues cèdent, le rien balaye les derniers outils du contrôle de soi. Mourir... Stéphane tente de se raccrocher aux centaines de photos épinglées sur les murs. Il les inspire, à la recherche d'oxygène. Il tente désespérément de trouver une photo avec Nathalie, en vain. Là aussi, elle a orchestré sa disparition, sa négation définitive.

Puis, il réalise que lui non plus n'apparaît sur aucune photo. Ma disparition est-elle l'œuvre diabolique de mes enfants ? songe-t-il. Non, mes enfants ne sont que des pantins. En réalité, ce sont les dernières décennies qui ont dissous dans l'acide toute forme d'autorité autre que celle de l'argent et du fun.

Leur papa, c'est l'argent. Leur maman, c'est le fun. Dites bonjour !

8

Stéphane a déposé pour ses enfants un mot bien en évidence sur la table du séjour, avec l'adresse de l'hôpital, en indiquant que leur mère a eu un accident, qu'elle est vivante. Est-elle encore vivante ? Bien sûr, il pourrait aussi appeler le médecin, se rassurer tout de suite. Il préfère retourner auprès de Nathalie.

À l'approche de l'hôpital, il distingue une forte agitation à l'entrée des urgences. Il se gare rapidement dans le parking et prend le chemin de l'accueil, alarmé. Il découvre trois voitures de police stationnées en épi, gyrophares en mouvement, portes ouvertes. Il perçoit des voix, remarque d'épais morceaux de verre éparpillés sur le sol, des traces de sang aussi. La porte vitrée a été défoncée et à l'intérieur, Stéphane distingue immédiatement deux infirmières aux visages tuméfiés, en larmes, devant des policiers qui prennent leurs dépositions. Deux adolescents aux physiques imposants, menottés, les observent avec haine. Il y a là comme un climat de guerre, les restes d'un champ de bataille, des blessés, des regards choqués. Même les malades semblent vouloir réconforter le personnel hospitalier. Affolé, Stéphane se précipite vers le même vigile qui l'a accueilli plus tôt. L'homme se masse le côté gauche de la tête, à l'endroit où un hématome la déforme :

— Ils ont débarqué, une dizaine, armés de manches de pioche, de battes… de vraies bêtes. Ils sont venus pour finir le p'tit beur. M'ont balancé un coup sur le crâne d'entrée, direct, ils m'ont mis K.O. en trois secondes. Même pas eu le temps de répondre. Ils tapaient sur tout ce qui bougeait, ils hurlaient, des gamins d'à peine 15 ou 16 ans, gonflés comme des basketteurs américains. Enfin, foutre un tel bordel dans un hôpital, je n'ai jamais rien vu de pareil. On aurait dit un film, sauf que leurs cris, ils m'ont carrément foutu les boules et croyez-moi, j'en connais un rayon. Ils ont aussi fouillé le rez-de-chaussée pour trouver le petit. Les cons ! Et comme ils ne l'ont pas trouvé, pour se venger, ils ont bousillé les trois machines d'assistance respiratoire en se marrant devant les visages qui devenaient tout violets. Ils ont aussi balancé des brancards, tapé quelques infirmiers. Mais ils n'ont pas eu le temps de monter au premier étage, chez votre femme. Les sirènes de police les ont fait partir. Et le p'tit jeune, il avait gardé un œil sur la porte d'entrée, le malin, il les avait vus se pointer, les lascars. Les jeunes, ils ont développé un instinct de survie, je vous le dis moi ! Ils sont bien obligés, on ne fait pas grand-chose pour les protéger. Enfin bref, on a retrouvé le gamin tremblant, mais indemne, à la morgue, sous un drap, à côté d'un macchabée. Faut reconnaître que c'était une bonne planque. Mais bon, c'est dommage qu'il soit venu se faire soigner ici. Déjà qu'on n'a pas beaucoup de moyens, faudra du temps pour remplacer la porte... faudra du temps...

Ses lèvres frémissent, Stéphane lui tape sur l'épaule puis enjambe quelques civières à terre. En grimpant les marches quatre à quatre, il s'étonne de cette étrange frayeur qui l'envahit. Il aurait pu arriver trop tard. Mais peut-être arrive-t-il déjà trop tard ?

Lorsqu'il entre dans la chambre, il le découvre, à proximité du lit de Nathalie. Droit, immobile, il ressemble à un arbre desséché, un arbre du désert, sans feuilles, et même sans épines. Ce père devant sa fille inerte pèse des tonnes, à en faire disparaître la chambre dans l'abîme. De profondes rides se sont creusées sur ses joues, sur son front et le long de son cou.

Bruno a une voix tremblante qui respire l'effort :

— Les enfants sont prévenus ?

— Oui... on peut dire qu'ils sont prévenus, maintenant.

— Je n'ai même pas leurs portables.

— Moi non plus.

Bruno ne demande pas ce qui s'est passé. Il s'est résolu à croire à l'accident, ne veut pour rien au monde imaginer autre chose. Tous les deux sont presque en deuil, à côté de ce demi-cadavre. Ils partagent l'intuition d'une reddition de cette volonté immobilisée sur le lit, l'abdication définitive d'une âme décidée à se laisser couler. Les enfants... Il faudrait qu'ils soient là, au « cas où », s'irrite Stéphane qui décide qu'il appellera Saugny toutes les demi-heures. On ne sait jamais, leur présence pourrait tout changer.

Le silence glace la pièce. Bruno ne bouge pas ; il tient la main de sa fille, tentant sans doute de lui transmettre le reliquat de sève qui coule dans ses veines. Brusquement, il se lève et murmure :

— Il est tard, je suis épuisé. Je passerai demain matin.

— Entendu. Je vais rester, tu me relayeras.

Voilà Bruno qui s'éloigne, voûté. Il a bien changé. Stéphane se rappelle sa première rencontre avec son beau-père. Nathalie avait eu peur que « la modestie et la retenue britannique » de Stéphane jurent avec le caractère napoléonien de son père. Bruno menait une « brillante carrière », ballottée entre les médias et la publicité, et il s'en vantait. Avec son allure de général de garnison, il exhibait sa réussite comme le gage de la pertinence de ses points de vue. Pourtant, tout s'était bien passé le jour de leur rencontre ; Stéphane avait laissé parler son « beau-père » et l'avait écouté avec attention, peut-être pour s'en faire apprécier. Ils s'étaient même alliés pour pousser Nathalie à accepter un poste à Paris que Bruno, par relation, pouvait lui obtenir. Elle avait refusé, elle voulait la banlieue, elle voulait « servir », améliorer les choses, se sacrifier. Ils s'étaient mariés peu de temps après. Stéphane avait invité deux vagues amis de sa promotion et Nathalie deux lointaines cousines comme témoins ; ce jour-là, ils avaient compris tous les deux qu'ils avaient pour point commun l'amour de la solitude et le refus de l'écume sociale.

Stéphane est assis. Il observe le corps de Nathalie. Il se sent seul. De face, il reconnaît à peine ses traits dans ce visage affreusement boursouflé. Il imagine que ses enfants seront bouleversés en la découvrant ainsi. Oui, peut-être que tout ira mieux, après. La tête lui tourne. Comment ma vie peut-elle continuer comme avant ? Il est épuisé, découragé, mais curieusement, pour la première fois depuis de longues années, il n'éprouve aucune culpabilité à ne rien faire, à ne pas gesticuler, agir aveuglément. Il tient compagnie à Nathalie, et c'est beaucoup. Il en oublie l'absence de ses enfants. Par le seul fait de ne plus bouger, il a l'impression que désormais, c'est le monde qui tourne autour de lui. Il se contente d'être là, et ce choix lui offre un étrange repos. Les tensions s'évacuent face à la réalité brutale de l'issue de vie ou de mort qui se joue dans la pièce et sur laquelle il n'a aucune prise.

Il est déjà presque 6 heures du matin lorsqu'il se réveille. Il entend un oiseau au loin, derrière le béton et les appareils de réanimation, et ce curieux moment lui paraît irréel. Nathalie ne bouge toujours pas, mais il perçoit une respiration régulière qui le rassure. Le couloir est occupé par les infirmières de jour qui prennent la relève. Elles lui conseillent gentiment de rentrer se reposer, de revenir plus tard. Stéphane réalise que c'est dimanche ; dimanche, le jour du repos, le jour des dieux aussi. Il les convoquerait bien pour leur demander quelques explications, pour qu'ils lui disent où se situe la « logique » dans tout ce gâchis.

9

Léa ouvre un œil. Midi. Elle se frotte les yeux. Un rayon de soleil vient l'agresser et elle se cache sous la couette. Odeur d'homme. Elle se souvient : son revendeur de Science Po, Guillaume, un gars doux, jean et veste en daim, avec qui elle dort de temps en temps. Il veut lui faire l'amour depuis longtemps. Elle l'autorise seulement à la caresser jusqu'à ce qu'elle prenne son pied, et puis elle le masturbe en le regardant fixement. C'est tout ce qu'elle accepte et le pauvre s'en contente. Comme à son habitude, elle l'a jeté hors de son lit à 3 heures du matin et il a atterri sur le canapé du salon. Léa ne dort jamais toute une nuit avec un homme. Elle ne peut pas. Elle n'a pas oublié leurs regards, « à tous ces porcs », elle sait garder la distance. L'odeur de tabac froid et les bouteilles de vin sur la moquette expliquent son mal de tête. Pour premier geste, elle vérifie la poche intérieure de son blouson ; l'argent est là, elle compte les billets, tout va bien, pas d'embrouille. On ne sait jamais, même avec un gentil « geoisbour » comme Guillaume... Mais il est réglo :

il développe le business, comme Mathias à Jussieu et tous ces autres revendeurs qu'elle a ferrés.

Elle songe avec fierté à son frère, qui a imaginé cette « politique d'expansion ». « Léa, tu vas devenir le cheval de Troie de Paris », lui a-t-il annoncé fièrement il y a deux ans. Maintenant, elle s'incruste avec aisance dans les soirées étudiantes. Elle a appris leurs codes, leurs petites blagues, leurs discours convenus sur les grandes questions de société, leur idiotie. Elle s'amuse de leur misérabilisme lorsqu'elle évoque ses origines, de leur théorie sur l'urbanisme comme solution aux problèmes des banlieues. Ils lui font penser à son grand-père, Bruno, dans cette même facilité à tout expliquer, à rendre les solutions évidentes, le monde simple comme une publicité pour la Croix Rouge. On détruira les immeubles, on donnera du travail à tous ces pauvres jeunes et tout ira bien. Beaucoup de « Guillaume » sont gentils, naïfs et faussement innocents. Ils n'ont jamais vu un Rachid à l'œuvre ni compris ce que peut être un Kamel. Ils ne veulent pas croire à l'existence du bien et du mal, préférant se rassurer en expliquant le monde par la sociologie. Au début, elle les séduit, avec son minois d'enfant, sa taille fine, son histoire de fille de banlieue qui veut s'en sortir. Elle les rend un peu amoureux. Ça commence comme ça...

Elle a vite appris à repérer les plus faibles de caractère, à leur fournir gratuitement un peu de coke, à les ferrer, puis à les rendre accros pour qu'ils aient besoin de devenir des revendeurs. Et puis derrière, sans qu'ils s'en rendent compte, Rachid et ses acolytes font le ménage d'éventuels petits concurrents locaux, « ces petits fils à papa qui croient s'encanailler en vendant un peu de shit », comme il dit. Elle sait que Rachid, il aime ça, ces périodes de nettoyage, quand il en séquestre un, qu'il le fait pisser dans son froc, et si le mec résiste, il s'amuse au cutter sur son corps une nuit entière. Maintenant, Léa contrôle la distribution. En un an, elle a fait autant d'argent à Paris que tous les gars en bas des blocs à Saugny. Cela lui garantit de vivre ici, loin de la cité. Elle loue un deux-pièces en plein 5e, elle y vit 70 % de son temps, le plus de temps possible, dans ce Paris qu'elle nomme la « belle aveugle ». Elle revient à Saugny pour se réapprovisionner auprès de son frère.

Son portable vibre. Léa l'attrape sous le lit et découvre, inquiète, le SMS de Fred. « Appelle-moi, urgent ! »

Léa le joint immédiatement. La voix de son frère est suraiguë…

Peu après avoir raccroché, sous le choc, elle enfile son jean, attrape un T-shirt noir, puis son blouson, en extrait un paquet de cigarettes, en allume une, s'assoit sur le lit, retient sa respiration puis rejette brutalement la fumée. Elle la crache plus qu'elle ne la rejette. Elle est figée depuis une bonne minute, puis, violemment, sa jambe se détend et renverse la table de nuit, la lampe s'explose au sol, le cendrier se déverse sur le tapis. Puis, Léa écrase sa cigarette sur le drap du lit. Une auréole rougeâtre se dessine, s'étend et envahit peu à peu le drap tout entier. Une fumée sale couvre la surface du lit. Léa ne bouge toujours pas. Elle sort un sachet, se prépare une ligne de coke et la sniffe.

— C'est quoi ce bordel, Léa ! lui crie Guillaume en caleçon, à la porte de sa chambre. Tu pleures ?

Elle lui jette un regard haineux. Elle se lève et lui balance un coup de pied puissant dans le tibia. Il hurle et s'écroule. Dix minutes plus tard, Léa regarde Paris par la vitre d'un taxi. Il a fallu qu'elle sorte un billet de 100 euros d'avance pour qu'il accepte de l'emmener à l'hôpital, non loin de Saugny. Sûrement sa gueule de junky du dimanche. La voilà qui traverse la Seine, et la Concorde s'étale devant elle. Elle observe un groupe d'adolescents qui rient et avancent, joyeux, en traversant la place. Elle songe qu'elle aurait pu être comme eux. Peut-être aurait-il fallu vivre avec leur père, non loin de Paris et surtout loin de Saugny. Mais c'est presque irréel, ce temps des choix. En abordant le périphérique, elle se sent oppressée. Elle tremble et s'apprête à demander au taxi de revenir sur Paris. Elle sait ce qui l'attend. Le mensonge, il ne nous reste plus que ça pour faire semblant, songe-t-elle tandis que le taxi pénètre dans la banlieue nord.

10

Il est 3 heures de l'après-midi lorsque Stéphane retourne à l'hôpital. Ils ont collé des cartons sur la porte d'entrée pour remplacer les vitres brisées. Après la descente des voyous, les urgences ressemblent à l'idée qu'on se fait d'un hôpital pendant une guerre : brancards cassés, ampoules manquantes, visages gris, traces de lutte. Le vigile n'est plus là. Stéphane s'étonne de pouvoir monter à l'étage comme ça, sans qu'on ne lui pose aucune question. Arrivé devant la chambre de Nathalie, il se fige, effrayé, presque en panique. Qui est ce jeune devant la porte de la chambre ? Est-il une de ces brutes qui ont tout cassé la veille ? Est-il revenu pour finir le travail ? Une vraie tronche de voyou, s'alarme Stéphane, la signature de la cité en béton armé sur son visage. Le jeune homme, laid, maigre, inquiétant, se tient tranquillement et regarde Stéphane sans appréhension. Il lui adresse la parole, naturellement.

— Bonjour Monsieur, j'suis Kamel, un pote de vot' fils. On s'est vu chez vous, la semaine dernière. Vous vous rappelez ?

— Ah oui, je me rappelle…

— C'était un peu chaud, mais vous savez, vot' fils, il aurait rien fait. C'était juste de l'esbroufe, pour se la jouer un peu.

— Oui, et maintenant, l'esbroufe, c'est fini.

— Euh, ils sont là-dedans, avec votre femme. C'est triste ce qui lui est arrivé. C'est une femme bien. Je suis sûr qu'elle va s'en sortir, tu vois, heu, vous voyez.

En s'approchant, Stéphane découvre les dents qui lui manquent en bas à gauche, les autres jaunies par la nicotine, ses cheveux gras, et un nez tordu qui donne à ce Kamel une allure de vautour.

— Merci. Je vais attendre qu'ils sortent.

— Eh ! Monsieur, vous n'avez pas une clope ? Ça fait quarante minutes que je poireaute, j'irais bien m'en griller une en bas.

— Non, désolé.

— Ben, si vous avez un euro ou deux, j'pourrais trouver un mec pour m'en vendre.

Stéphane regarde ce drôle de gars. Il y a dans son regard des éclairs vifs lorsqu'il lui tend un billet de cinq euros.

— Merci Monsieur. C'est trop sympa !

— De rien.

— Tu parles ! J'ai bien vu que je vous ai fait peur ! Vous savez, dans le métro, on me prend souvent pour une kaira. J'peux comprendre si je mate mon image sur les vitres des magasins, quand je traîne aux Halles. Y a de quoi me confondre. J'ai l'air inquiétant, le mauvais œil comme on dit, la sale histoire en devenir.

— Mais non…

— Alors que j'suis doux comme un agneau.

— Ça se voit tout de suite…

Le gamin sourit de toutes ses dents :

— Hein ? Vas-y comment vous essayez de me charrier. Mais vous savez, l'allure, c'est juste pour suivre ceux qui donnent la note, faut pas s'y fier, c'est l'instinct de survie. Bon allez, j'vais m'en griller une.

Stéphane, surpris, le suit du regard tandis qu'il s'éloigne en balançant ses épaules. Il y a, chez ce Kamel, quelque chose derrière la façade, quelque chose qu'il n'a jamais senti en voyant les amis habituels de son fils. Il se souvient maintenant que Kamel est le fils du cafetier de Saugny qui est mort alors qu'il n'était qu'un enfant. Il vit depuis longtemps dans la cité, avec sa mère et ses deux frères. Puis lui reviennent des échanges avec Nathalie qui parlait de ce gamin doué en mathématiques auquel elle donnait des cours de soutien en français.

Brusquement, Léa et Fred sortent, pâles, accompagnés du médecin qui leur parle. En découvrant Stéphane, celui-ci s'avance et conclut son compte-rendu :

— On ne sait pas, mais il faut rester optimiste. L'opération s'est bien déroulée. Il faut patienter. On doit rester prudent et attendre son réveil du coma pour évaluer la situation, les… les éventuelles séquelles. Allez, je vous laisse en famille.

Le voilà qui s'éloigne, abandonnant Stéphane et les deux enfants à une gêne plus forte encore que prévu. Fred et Léa ne le regardent pas. Ils se taisent, penchés sur leur iPhone, esquissant une moue ou paraissant préoccupés. Ils ne sont pas là, ou plutôt tentent de ne pas être là. Ils froncent les sourcils, comme pour prévenir qu'il n'est surtout pas question de tenter de les extraire de leur monde. Ils tapotent, font la moue, tapotent, grimacent, tapotent, lèvent les sourcils. Stéphane finit par regarder ailleurs. Puis, tout à coup, Fred l'interpelle :

— Eh ! Il est où Kamel ? Tu n'as pas vu mon pote rebeu à la tête de fouine ?

— Si, il est descendu fumer.

— O.K. Bon, on va y aller. On reviendra demain. T'as qu'à faire la permanence le soir et le matin, on fera l'après-midi. Léa bouge ton cul, on s'arrache. Et t'inquiète pas, maman va s'en sortir, c'est le doc qui l'a dit.

Stéphane se fait le constat, une fois de plus, qu'il ne connaît plus grand-chose de son fils. Léa semble plus humaine ce jour, les yeux rougis, de toute évidence ébranlée. Mais Fred conserve son allure insolente habituelle ; même à quelques mètres de sa mère dans le coma, il prend encore tout de haut, se dit Stéphane qui finit par lâcher :

— Ton pote Kamel, c'est tout ce qui t'intéresse Fred ? Hein ?

Fred se retourne, irrité :

— Tu veux dire quoi là ? Tu me cherches ? Tu ne crois pas qu'on a assez de problèmes ?

— Et toi, tu ne te demandes pas ce qu'on fait ici ? Tu ne te demandes pas ce qui s'est passé ?

— Vas-y, qu'est-ce que tu veux ? Lâche-nous ! Il y a rien à dire de plus.

Stéphane se rapproche brusquement de Fred qui recule d'un pas, surpris.

— Mais tu crois quoi, Fred ? Que toutes vos conneries depuis des années, vos bandes de potes, vos deals, tu ne crois pas que c'est ça qui nous amène ici ?

Fred se tourne vers sa sœur, comme s'il cherchait une bouée :

— Il est ouf !

— Votre mère, elle a avalé tous vos mensonges ! Vous l'avez épuisée, détruite ! Je l'ai bien vu, la dernière fois que je suis venu. Elle n'en pouvait plus !

— Vas-y, je vois pas le rapport ! C'est un accident ! Et puis, elle a pas eu besoin de nous pour être mal. Il a suffi qu'elle t'ait eu comme mec ! T'as qu'à te demander ce que tu as foiré toi !

— Non, ça marche plus ça, ces petites manips. Maintenant, t'as intérêt à te tenir, crois-moi.

— T'es ouf ! Complètement ouf. Faut te faire soigner. Ce n'est pas toi qui vas diriger nos vies ! C'est trop tard mec !

Cette fois, Fred fait demi-tour et s'éloigne, tandis que Stéphane se tourne vers sa fille.

— Léa, toi, écoute-moi ! Il faut qu'on parle.

Elle semble hésiter puis :

— Laisse-nous tranquilles ! Il faut juste que maman guérisse. C'est le plus important.

— Attends, Léa, attends !

Stéphane tente de la rattraper et de lui saisir l'épaule. Surprise, Léa se dégage d'un coup, heurtant brutalement le bras de son père. Stéphane pousse un cri de douleur.

Fred s'interpose :

— Tu vois ce qui t'arrive quand tu nous fais chier. Allez viens, Léa, on se tire.

Léa est figée. Elle regarde son père.

— Papa, je....

Puis elle s'éloigne.

Stéphane se masse le bras, étourdi. C'est sûr, elle est sous l'influence de son frère, se répète-t-il. Les larmes aux yeux, il est envahi d'une rage puissante de rattraper son fils, de le blesser, de lui faire mal. Quelques minutes passent. Et si leur mère meurt ? songe-t-il. Il imagine la brutalité du choc, la frayeur face à ce vide devant eux, leurs masques de brute à terre. Car leur mère, il ne doute pas qu'ils y tiennent encore, peut-être même sans le savoir, sans s'en rendre compte. Oui, si elle meurt, ce sera un terrible choc pour les enfants. Ils changeront sûrement, se dit-il. Ils se mettront peut-être à distinguer la vérité des apparences, la liberté de l'esclavage. Peut-être se demanderont-ils s'ils ne sont pas passés à côté de l'essentiel. Ils auront peut-être honte des plaisirs qu'ils empilent sans joie, des illusions qu'ils avalent en fumée. Il se sent brutalement gêné. Est-il en train de souhaiter la mort de Nathalie ?

La mort de leur mère, pense tristement Stéphane, ce serait pour eux le début d'un voyage en terre de solitude. C'est peut-être cela qu'elle a souhaité, que sa mort soit leur salut. Oui, c'est cela, leur mère s'est donné la force de balancer sa voiture contre un mur en imaginant qu'il y aurait là un électrochoc pour les ramener du côté des forces de la vie. À moins que pour leur génération, le remords ou la culpabilité appartiennent déjà à la famille des espèces en voie de disparition ?

Mais finalement la honte le submerge. Il rougit.

Il s'assoit et à nouveau se met à veiller Nathalie. Il essaie de se souvenir ; oui, elle aimait beaucoup Aznavour quand ils se sont rencontrés, et lui avait fait redécouvrir ses meilleures chansons. Dans le silence de la chambre remplie seulement par le bip-bip du coeur de sa femme, il se met à murmurer, la gorge serrée : *la bohème, la bohème, ça voulait dire qu'on a 20 ans...*

11

Lorsqu'en fin de journée, Bruno arrive en haut des escaliers, Stéphane est figé, les mains sur le visage, assis sur le banc en face de la chambre de Nathalie.

— Stéphane ! Ma fille ! Ma fille ! Ça va ?

Stéphane relève la tête :

— Rien de plus qu'hier.

— Mon Dieu, j'ai eu peur. Et les enfants ?

Comme se parlant à lui-même, Stéphane murmure :

— Les enfants ? Tu parles d'enfants… des brutes, de sales brutes égoïstes qui ont poussé leur mère à bout.

— Qu'est-ce que tu racontes ? lui demande Bruno.

— hum, à ton avis ?

— Mais ça veut dire quoi ? Tu veux dire qu'elle aurait… d'elle-même ?

— On dirait bien

— Mais pourquoi ?

— Pourquoi ? Tu me demandes pourquoi ?

Stéphane a jeté un regard effrayant. Son beau-père patiente quelques instants avant d'oser l'interroger :

— C'est sa dépression ?

— Pas seulement, Bruno. Ce sont aussi les enfants, nos enfants, tes petits-enfants et toutes leurs bandes d'amis ! Ils ont enfermé leur mère dans cette maison devenue une prison ! D'ailleurs, sais-tu qu'elle a recouvert toute sa chambre de centaines de photos du temps de l'enfance de Fred et Léa ? Du sol au plafond !

— Mon Dieu, tu délires ! Comment Fred et Léa pourraient-ils vouloir la mort de leur mère ?

— Ils ne veulent pas sa mort, ils veulent la contrôler, ils ne supportent pas qu'on leur résiste, c'est tout.

— Tu racontes n'importe quoi !

— Ce sont des insatiables, des capricieux, des menteurs ! Comme toutes ces bandes de racailles de merde !

— Ho, arrête, arrête avec ton discours de facho !

— Facho ? Moi ! Mais qui sont les fachos de nos jours ? C'est quoi des valeurs de fachos ? Ce n'est pas la religion de la force ? La puissance du groupe devant l'individu ? Le culte du corps musclé, de la dureté et de l'agressivité en tout ? Le mépris de la femme ravalée au rang de pouliche ou de prostituée ? L'homophobie ? La haine de l'autre ? Ce que je te décris, crois-moi, ce sont les valeurs de Fred et de ses potes, ceux qu'on nomme les « Gremlins », ce nom ridicule qui ne dit pas assez les monstres qu'ils sont.

— Tu fais des amalgames.

— Et le contrôle du territoire ? Ce n'est pas une autre valeur de facho ?

— Tu délires, il n'y a pas d'idéologie politique chez ton fils.

— Tu parles ! L'amour de la race a été remplacé par le dieu fric, c'est tout. Mon fils et ses copains, ils rêvent de BMW, de putes et de chaînes en or. Mais au fond, ce sont les mêmes que les Sections d'assaut des années 30 quand il s'agit d'être brutaux. Ils occupent le territoire et font régner la terreur, comme ceux qui sont venus hier soir parce qu'un jeune a refusé de se faire braquer. C'est l'ultraminorité qui impose sa loi par la force et l'intimidation, au prétexte qu'ils seraient les victimes du système. Et ceux qui en souffrent le plus, ce sont les gamins de Saugny, ceux de la cité, les autres aussi, qui se font racketter, tous ces jeunes qui montent dans les bus et les RER la peur au ventre dès qu'un groupe de « Gremlins » débarque.

— Tu exagères !

— Demande au vigile, demande à toutes les victimes. 4 millions de délits et crimes par an, ça en fait des victimes !

Bruno paraît soudainement abattu.

— Pourquoi tu me dis tout ça ? Aujourd'hui ?

— Parce que j'ai besoin que tu comprennes, j'ai besoin de ton aide. Nathalie n'en pouvait plus de tout ça. On est coupable, toi comme moi, d'avoir laissé ces gosses prendre le pouvoir.

Bruno baisse le regard, semble vouloir se lever, hésite, se rassoit.

— Je... je ne sais pas...

— Il faut qu'on se batte, Bruno. Il faut refuser la fatalité, vaincre la pente. Il faut qu'on reprenne la main si on ne veut pas finir à la botte de ces brutes décivilisées, à la botte de nos propres enfants.

— Tu es fou !

— Et là, à 10 mètres de toi, le corps de ta fille, la voiture contre un mur, ce n'est pas la réalité ? Dis-moi ? Qui est fou ?

Bruno place son bras sur celui de son beau-fils et le serre. Stéphane culpabilise. Pourquoi vouloir mêler Bruno à tout cela, pourquoi ne pas le laisser en paix ? N'a-t-il déjà pas assez enduré ? Il est né dans un monde sans surprises, songe Stéphane, un monde de croissance, en noir et blanc, traversé par des silhouettes de curés, de préfets et de braves bourgeois des années cinquante, une époque pesante de stabilité. Il a naturellement balancé quelques pavés en 1968. Puis il a rencontré sa femme, emportée bien trop tôt par un cancer foudroyant, tandis que la petite Nathalie n'avait que 3 ans. L'amour de Bruno pour sa fille est exclusif, intransigeant, sans limites, comme une volonté sourde de refuser ce coup du destin qui lui a volé la passion de sa jeunesse. Aujourd'hui, le drame le rattrape, et, emmuré entre la détresse et le désespoir, Bruno préférera mourir plutôt que de devoir vivre le décès de sa fille. Stéphane le regarde maintenant avec bienveillance, presque coupable d'avoir osé ce ton. C'est assez rare qu'il ne se contrôle pas, et il fallait que ça tombe sur Bruno.

— Pardonne-moi Bruno, je suis désolé de ce que je t'ai dit. Tout ça me dépasse, nous sommes tous tellement tendus et… atteints… depuis… Je ne comprends pas comment tout ça a dérapé à ce point.

— Peut-être que jamais la société n'a été autant l'ennemi des parents et de l'éducation… lâche Bruno.

Stéphane lève les yeux vers son beau-père :

— Oui, c'est exactement ça !

À cet instant, l'interne sort de la chambre, suivi de quelques infirmiers ; il ne dit rien, s'éloigne sans un mot.

Bruno regarde Stéphane dans les yeux :

— Tu devrais te calmer. On n'y peut rien. C'est comme ça. Ça ne sert à rien de se mettre en colère… même… même si tu ne dois certainement pas être le seul père en colère.

12

— Stéphane, dépêche-toi ! Qu'est-ce que tu fous ? Tout le monde doit être à la cafétéria, pour l'annonce du boss ! À mon avis, c'est important ! lui crie son collègue Philippe.

Stéphane a achevé sa journée avec le même sentiment d'insatisfaction. Il n'a jamais été aussi inefficace. Tous ces derniers jours, il n'a pas réussi à se concentrer sur son travail. Chaque matin et chaque soir, il passe à l'hôpital. Il s'est juré que si Nathalie sort du coma, il la convaincra de quitter Saugny. Jour après jour, il mesure à quel point la colère monte en lui. Il veille à ne pas croiser ses enfants. Il les juge responsables de l'acte de désespoir de leur mère. Surtout, il enrage de constater que Fred et Léa n'éprouvent aucun remords, aucune culpabilité, aucune interrogation. Leur dernière « discussion » l'a bien montré. Ils sont comme sans âme.

Tout à ses pensées, il suit machinalement Philippe, salue un à un tous ses collègues et entre dans la vaste salle de la cafétéria. Ils sont bien quatre cents et il les connaît presque tous. Cette boîte, c'est un peu chez lui, il a tant investi dans cet immeuble de quinze étages en verre, dans la zone industrielle de Clichy.

Avec la langue de bois habituelle, le patron annonce des résultats financiers corrects malgré la crise, et des perspectives encourageantes que la récente arrivée au capital du groupe mondial BMSystem, de Boston, a ouvertes. Stéphane n'écoute pas, ça ne l'intéresse plus, ce n'est plus son combat, en tout cas, pas ces jours-ci. Mais lorsqu'il surprend une tension anormale pétrifier les visages de tous les employés, il se met à observer ce patron qu'il connaît depuis tant d'années, et il comprend qu'il se passe quelque chose, que cet homme qu'il a vu mille fois discourir, à Noël, à chaque moment fort de la société, cet homme toujours sûr de lui, plein d'humour et d'assurance, dégage aujourd'hui une impression de faiblesse inhabituelle. Il porte sur son visage la marque d'une reddition sous-jacente, d'une cassure définitive, presque touchante. Il a les larmes aux yeux. Beaucoup, surpris, affichent leur tristesse. Il ne manquait plus que cela, songe Stéphane, qui commence à comprendre. Finalement, tant mieux. Cela tombe bien. Je n'aurais pas voulu le décevoir. Je vais pouvoir prendre le temps de m'occuper de Nathalie, de la protéger de Fred et Léa, sans culpabiliser.

Survient une femme, énergique, qui se place rapidement devant le boss et entame un long discours pour mettre en valeur le parcours de l'entrepreneur, l'aventure incroyable de l'entreprise et la fierté qu'elle a, en tant que représentante du groupe BMSystem, d'en prendre la direction. La quarantaine, elle possède un look d'*executive woman*, confirmé par un regard intense, un tailleur strict et féminin. Elle a l'air sérieux, impliqué, responsable.

— Elle a pas l'air de rigoler cette femme, lâche Stéphane.

— Chutttt, tais-toi ! On va se faire repérer, lui demande Philippe.

Tous se positionnement déjà, se dit Stéphane. La nouvelle dirigeante a fini son discours et ouvre le pot d'adieu en levant une coupe de champagne. Stéphane se rapproche d'un groupe de collègues et apprend que la réputation de cette femme l'a précédée : on la surnomme la « mante religieuse » ou, plus simplement, la « mante ». Elle aurait gravi déjà de nombreux échelons avec un acharnement cannibale.

— Paraît qu'elle a dirigé la filiale belge, indique un jeune commercial. Elle l'a restructuré, une vraie tueuse.

La standardiste l'interrompt :

— Tu parles. On dit surtout qu'elle est capable du pire. En Belgique, on l'appelait la femme des 3 M : méchanceté, malfaisance, médisance ! Et puis en Belgique, ils sont plus qu'une vingtaine maintenant...

On rit jaune à cette annonce. Tout cela indiffère Stéphane. Lui doit reconquérir ce que son aveuglement et Saugny lui ont volé. Il veut aussi punir d'une manière ou d'une autre ses deux enfants et leur arrogance. Le reste importe peu. Chez GIS, il lui suffira de se faire petit, voilà tout, se rassure-t-il en s'éloignant. Déjà, dans la cafétéria, il remarque ceux qui se pressent autour de la nouvelle directrice, ils se courbent par anticipation, comme convaincus que cette violence de conquête sans scrupules finira toujours par l'emporter et qu'il vaudra mieux être en bonne entente. Stéphane demeure à distance. Le voilà devant son ancien patron. Ils échangent quelques mots anodins. L'homme n'avoue rien de son humiliation, de sa retraite imposée. D'ailleurs, le voilà qui s'éclipse, ombre de lui-même.

Stéphane quitte la salle à son tour. GIS est devenue une entreprise comme une autre. Il ne lui doit plus rien. D'ailleurs, depuis quelques semaines, sa boîte lui devient étrangère. Certains de ses homologues se sont mis à passer plus de temps avec leurs responsables hiérarchiques qu'avec leurs propres équipes. Par contagion, la politique interne, la ruse, la mise en valeur de ses propres actions occupent une part croissante du temps des ambitieux, et Stéphane se sent bien incompétent sur ce plan-là. Il faudrait manœuvrer, pour se faire affecter les projets glorieux, simples et sans risque, et éviter les plus compliqués, tortueux et délicats, ceux-là mêmes qu'il aime prendre en charge comme des défis à son esprit, à sa capacité à ordonner et à organiser le désordre. La gangrène commence à s'étendre. Il se demande s'il ne doit pas tout envoyer au diable, démissionner. Il se rappelle Antoine, le développeur du service « Intelligence artificielle » qui a tout plaqué du jour au lendemain et est devenu un champion de poker.

Mais lui ne peut pas s'offrir le loisir de perdre son emploi. Il se dirige vers le parking. Il songe qu'il a longtemps cru que la concurrence se déroulait à l'extérieur. Il comprend qu'elle ronge chaque étage de l'entreprise. Comme elle ronge désormais les relations entre les parents et les enfants, chacun pensant avoir raison, enfermé dans son « moi, je ».

Il se dit qu'il aimerait pouvoir en parler. Il ne doit pas être le seul. Il faudrait tendre l'oreille. Dialoguer, écouter. Tout en marchant, peu à peu naît en lui l'envie de s'exprimer pour créer la discussion, le débat public, de donner au monde ce que Nathalie et lui ont traversé, de raconter ce que ses enfants sont devenus. Il n'y a pas que la concurrence, se dit Stéphane. L'entente doit vouloir dire encore quelque chose...

13

Les mails s'accumulent depuis le début de la matinée. Stéphane les ignore, tout comme les coups de fil sur son poste fixe. Il n'est plus joignable, a séché deux réunions importantes dont le « Point Projet Hebdomadaire ». Depuis une semaine, il trouve des échappatoires, invente des prétextes, forge des rendez-vous imaginaires. Certains collègues l'imaginent en train de dépêtrer une situation de crise. Pourtant, pour la première fois de sa carrière, il n'est nullement à son travail.

Pour la première fois de sa vie, la colère serait bien capable de balayer les murs de timidité qui ont toujours balisé sa conduite. Depuis le geste désespéré de Nathalie, un cri monte en lui. « Tu ne dois certainement pas être le seul père en colère », lui a dit Bruno à l'hôpital. Combien sont-ils, les « autres parents comme lui », en souffrance, en détresse, englués dans une situation incontrôlable, prêts eux aussi à craquer ? Combien ont été poussés à bout comme Nathalie ? Oui, il est temps d'écrire, de s'écouter, de dialoguer, et qui sait ? De réconcilier les générations.

Trois soirs de suite, il a travaillé, peaufinant chaque mot, enivré par sa révolte. Il n'aurait jamais cru pouvoir sortir ce texte. Il s'en étonne ce matin et se dit qu'il devait le porter en lui depuis longtemps. Les mots lui sont finalement venus avec une certaine aisance, comme si chaque phrase avait inconsciemment été préparée, pétrie par le réel, tous ces mois et toutes ces années d'une incompréhension mutuelle.

Ce matin, en arrivant à son bureau, une heure lui a suffi pour créer un blog. Mais Stéphane n'ose pas encore publier son texte. Il le lit, le relit, corrige, ôte certaines phrases qu'il juge trop agressives, puis ajoute une formule assassine qu'il regrette aussitôt. Les mots restent, songe-t-il, un peu effrayé. Et puis, il n'a pas encore décidé s'il doit le signer de son nom. Il pressent le danger à assumer ainsi son texte et en même temps, il réprouve la lâcheté de l'anonymat. Finalement, il mettra son prénom.

Il est 11 heures du matin, il n'hésite plus et clique sur le bouton « publier ».

LE BLOG D'UN PÈRE EN COLÈRE

Je m'appelle Stéphane. Je suis père de deux enfants. Il y a quelques jours, ma femme a lancé sa voiture contre un mur. Elle a survécu, égarée dans un coma dont elle n'est toujours pas sortie. Ce sont ses propres enfants qui l'ont poussée à bout. Oui, c'est bien de nos deux enfants qu'il s'agit, même si parfois j'en doute. Deux ingrats, deux égoïstes sans conscience morale. Peut-être sans âme. Une maladie ? Alors c'est une épidémie, car ils sont les enfants de notre époque, le résultat de mon aveuglement, peut-être, mais d'une démission générale aussi.

Comment en sommes-nous arrivés là ? Je ne sais pas. Sans doute, comme pour beaucoup de parents, par ces abandons successifs de territoire, ces reculs de notre autorité, dès la naissance, qui sont peut-être la faiblesse principale de notre génération. Nous n'avons plus su dire non quand tout autour d'eux disait « just do it ». *Et si nous n'avons plus su dire non, c'est d'abord à nous qu'il faut nous en prendre : car pour dire un grand non, il faut porter en soi un grand oui. Or notre génération n'a pas su aimer la vie, tout occupée qu'elle était à accumuler des objets, à gagner de l'argent, à prendre sa revanche sur des siècles d'oppression des masses.*

Avouons-le, l'éducation de nos enfants est devenue difficile. Mais nous ne sommes pas entièrement responsables. Et nos enfants ne sont pas si innocents. Comment pourraient-ils l'être dans ce monde où avoir une âme est un handicap ?

Aujourd'hui, je ne veux pas m'autoflageller. Je veux témoigner de tous les sacrifices que nous avons faits, malgré tout, pour nos enfants. Et en retour, qu'avons-nous eu ? Des revendications sans limites, la surenchère permanente de la consommation à outrance, la violence verbale, les reproches, et tout au bout, la haine. Au final, ils ont enfermé leur propre mère, dans une prison, ils l'ont poussée à bout.

Sans doute, pour certains d'entre vous qui me lisez, est-ce le même sentiment d'échec, la même impuissance, la même douleur. Oui, je ne sais pas comment on en est arrivé là. Je me demande si depuis des années notre société ne mélange pas le haut et le bas, le mal et le bien, de sorte que tout est devenu relatif, discutable, ambigu, subjectif. Cela arrange les affaires.

La misère a aussi tout perverti dans notre ville de banlieue. Pour beaucoup de jeunes, elle a ouvert les portes toutes grandes aux vices, car la fin justifie les moyens, répète-t-on sur tous les écrans du monde avec la simplicité d'un gros mensonge. Elle s'est nourrie des frustrations que fait naître chaque jour ce torrent d'image, d'argent facile, de corps plastiques, de célébrités acquises sans effort. Nos enfants s'accrochent à des idoles comme des affamés.

Avec Nathalie, on a pourtant lutté, on s'est raccroché avec nos ongles pour les éduquer, effrayés, écartelés entre l'impératif de continuer et celui de jeter l'éponge devant ces enfants devenus la version aboutie des temps de l'ego trip.

Le narcissisme en toile de fond, la mauvaise foi pour style, l'ingratitude en signature, voilà ce que la société et notre aveuglement ont fait de nos deux enfants. Bien sûr nous sommes coupables aussi, oui je ne l'oublie pas, nous tous, nés dans l'après-guerre qui leur avons laissé en héritage un monde construit, l'affirmation de soi et le corps comme seules valeurs. Nos propres parents avaient mené la guerre la plus stupide de l'histoire de l'humanité, celle qui sans doute a sonné le glas de l'Occident. Tout est parti peut-être de cette détestation-là.

Où sont mes enfants ? Je ne sais pas. Sans doute œuvrent-ils à leurs petites affaires de drogue, à leur « business ». Car, si certains de vos enfants en consomment, les miens, en plus, en vendent... Gagner de l'oseille, ça justifie tout.

Vous voyez où j'en suis. Tout a pris l'eau dans ma vie. Un naufrage annoncé.

Stéphane

Publié le jeudi 20 janvier, à 11 h 03.

Écrire un commentaire – Voir les (0) commentaires – Partager

Stéphane vient de valider la mise en ligne et curieusement, il tremble de tout son corps. Il transpire abondamment et pressent un mal de tête. Il s'est relu, étonné et presque fier de cette virulence, mais il se demande s'il n'a pas tort, si on ne pouvait pas écrire exactement tout le contraire. Il se rassure, son post ne permet pas qu'on l'identifie, c'est juste un appel aux parents qui galèrent, aux vulnérables de tout poil, un hommage aussi aux efforts héroïques d'une mère à bout. Il se sent déjà moins seul, comme si, ses futurs lecteurs l'avaient déchargé d'une part de son fardeau, en ombres amicales et bienveillantes.

Toutes les minutes, il vérifie qu'il a bien osé mettre en ligne le texte, qu'il a osé cette première révolte. Il a violé sa nature profonde, discrète. C'est assez nouveau pour lui, presque vivifiant. Il se sent curieusement encore plus proche de Nathalie, comme si son geste la vengeait un peu, comme si son discours lavait les humiliations qu'elle a subies. Il se voit redevenir son allié, son recours, son salut.

Stéphane inspire un bon coup, subitement effrayé à l'idée de la perdre. Il est convaincu que la mort de Nathalie ne le rapprocherait pas de ses enfants. Au contraire, le malheur se dupliquera, créera une chaîne sans interruption, un point de non-retour. Il faut qu'elle survive.

14

La semaine suivante, chaque soir, au bureau, Stéphane s'empresse d'accéder au menu d'administration de son blog. Et chaque fois, la même déception, la même humiliation, il ne comptabilise qu'un seul visiteur, lui-même. Son texte demeure un enfant égaré dans l'immensité de millions d'autres sites, un grain de sable dans un désert, ignoré.

Stéphane poste un deuxième article, puis un troisième. Il évite trop de précisions, toujours vigilant à conserver l'anonymat. Il intervient aussi sur les forums de journaux en ligne commentant l'actualité, confronté à son opinion. Mais ajouter du contenu ne suffit pas. En parallèle, pour trouver son public, Stéphane comprend vite que Google sera le moyen à utiliser. Pour apparaître sur certains mots-clés tapés par les internautes lors de leurs recherches, il doit acheter des « liens commerciaux ».

L'expression « crise d'adolescence », à 60 cents le clic avec un potentiel de 8 000 recherches par mois, lui paraît appropriée. Ses doigts tremblent lorsqu'il crée sa première campagne de mots-clés. Il est temps qu'on se révolte, songe-t-il, les yeux brillants des feux de ce nouveau militantisme. En 10 minutes, il se constitue une liste d'une vingtaine de mots et active la campagne de publicité avec deux accroches racoleuses :

Blog d'un père en colère
Vos enfants vous échappent !
www.unpereencolere.fr

Blog d'un père en colère
Venez partager vos difficultés à éduquer
www.unpereencolere.fr

Le lendemain, il compte quelques connexions. Cela le motive, l'excite, l'emplit d'une fierté nouvelle, d'un sentiment de participer à quelque chose d'important. Il continue à enrichir son blog. Il ajoute aussi des mots-clés, crée de nouvelles annonces, s'improvise concepteur-rédacteur. Et puis, deux jours après, il se précipite, tenant dans sa main une feuille. À 5 h 30 du matin, il débarque à l'hôpital. Il n'a pas beaucoup dormi. Il veut partager ça avec Nathalie.

— Regarde ! La première réaction à notre blog, la toute première !

« Monsieur. J'ai lu votre blog qui m'a beaucoup parlé. Ça m'a fait un bien fou de voir qu'avec mon mari, nous ne sommes pas les seuls à ne plus savoir comment faire. Mes deux fils, quand ils ne font pas des conneries à l'école, ils glandent devant leurs saletés de jeux vidéo toute la journée... Alors, les éduquer... avec leur père, on n'y arrive plus. Dites à votre femme que ce n'est pas que de notre faute si nos gosses sont comme ça. Mon mari et moi nous lui souhaitons le meilleur rétablissement possible.

Élise 95 »

Les jours suivants, quelques autres commentaires se déversent sur le blog, comme si la première réaction avait ouvert la porte aux autres. Stéphane constate que majoritairement s'élèvent des douleurs de mères. Des schémas de vie qui se répètent à l'infini, des femmes qui se lèvent aux aurores, préparent le petit déjeuner, habillent leurs enfants, les déposent à l'école, courent attraper un RER, angoissent d'arriver en retard au bureau, courent à nouveau le soir, éprouvent de la peur pour un mauvais regard croisé, rentrent, préparent le dîner, encaissent les crises de leurs enfants, attendent qu'ils se couchent et atteignent enfin leur propre lit, tout au bout du couloir, pour s'y échouer, épuisées, vaincues, avant que le lendemain tout ne recommence. Partout, cette lutte pour que tout ne s'écroule pas. Autant de témoignages que Stéphane lit à Nathalie, convaincu que dans son coma, ces mots l'atteignent, lui montrent cette grande famille héroïque dont elle fait partie, lui prouvent qu'ils ne sont pas seuls, que d'autres parents souffrent, et que cette fois, il se pourrait bien que l'union leur permette à tous de s'entraider et de résister. Il en est persuadé, elle comprendra à son réveil. Cette solidarité naissante entre parents lui fera du bien à elle aussi. Elle le remerciera d'avoir transformé son témoignage en une œuvre commune, une création incrustée dans le réel, le cri pour faire émerger une voie de salut.

LE BLOG D'UN PÈRE EN COLÈRE

Je vis seule avec mon fils Dylan qui a 5 ans. Le papa a fui dès qu'il a su que j'étais enceinte. Un lâche comme ça, ça ne peut pas manquer à son enfant, hein ? Mon petit Dylan, il est gentil comme tout, mais il n'arrête pas de faire des caprices. Selon vous qu'est-ce que je dois faire ?

Fatima

Écrire un commentaire – Voir les (o) commentaires – Partager

Chère Fatima,

Je suis mal placé pour répondre… Que dire ? Au fond, je ne sais pas s'il existe des règles générales pour élever un enfant, mais ce qui est sûr, c'est que l'absence de règle, naviguer à vue en bougeant sans cesse, est une catastrophe. Quand nos enfants avaient 3 et 4 ans, c'était la mode, l'absence de règle, l'estrade qu'on supprimait à l'école, la politesse qui disparaissait partout, on ne se levait plus quand le prof entrait dans la classe. Cette inversion des valeurs me choquait, mais les médias trouvaient ça sympa. Moi, j'ai reçu une éducation provinciale, un système simple de récompenses ou de sanctions, une définition des limites. Je n'ai pas envie de lui faire des reproches, mais il faut dire que ma femme Nathalie était plus « moderne ». Tout devait se résoudre par le dialogue et le laisser-faire. Le souci, c'est qu'elle n'a opté que pour ça. Elle refusait l'autorité de principe, et le dialogue, ça demandait trop de temps et de persévérance, tandis que le laisser-faire, il n'y avait qu'à laisser-faire ! Pour en rajouter, mon beau-père, un bobo soixante-huitard, se moquait de mes vieux principes d'éducation. Il répétait que le temps des coups de règles sur les doigts était bien fini, il me traitait gentiment de « sale réactionnaire des campagnes ». Vous connaissez comme moi le résultat de ces principes…

Enfin, vous voyez, Fatima, en couple, il vaut mieux se mettre d'accord sur la manière d'éduquer. Vous, vous êtes seule et je me doute bien que votre situation est lourde à porter. Être le père et la mère en même temps, c'est un sacré boulot !

Alors, méfiez-vous de tout. Nos gosses peuvent se changer en monstres vite fait, comme les miens.

Alors, n'hésitez pas à dire non, c'est comme ça que Dylan deviendra humain.

C'est ce que Nathalie et moi n'avons pas compris à l'époque.

Par contre, ce que j'ai compris aujourd'hui, c'est que ce n'est pas nécessairement la qualité du pilier qui compte pour soutenir les fondations d'un pont, mais le fait que le pilier soit enraciné dans un sol stable et compact.

Cordialement,
Stéphane

15

Stéphane croise parfois Fred et Léa à l'hôpital. Ils échangent quelques banalités et se séparent vite ; une sorte d'armistice s'est instaurée entre eux. Léa montre les signes d'un rapprochement inattendu, un regard compatissant, une main sur l'épaule, lorsqu'ils sont tous les trois devant le corps endormi de Nathalie. Chaque fois, Stéphane se sent ému, à deux doigts de tenter de la prendre dans ses bras. Mais il a peur d'être ridicule. Fred, lui, conserve le masque de la dureté et de l'insensibilité. Mais dans sa voix ont disparu, semble-t-il, les pointes d'ironie ou d'agressivité. Avec Bruno, les relations restent apaisées et chacun s'organise intelligemment pour que Nathalie soit toujours entourée. L'éveil du coma est aussi une question d'attention, répètent les médecins.

Semaine après semaine, sur son blog, Stéphane tente de répondre à tous sur un ton approprié. Il s'aperçoit qu'il commence à dévoiler une partie de sa vie de famille. Il se dit que c'est sans doute inévitable s'il veut se reconstruire, se préparer pour ce moment où Nathalie retrouvera son désir de vivre. Une petite communauté naît sous son impulsion. La loi du silence se brise peu à peu. Des parents osent se livrer. Ils témoignent à leur tour, répandent leurs douleurs, s'abandonnent aux douceurs de la plainte, soutiennent Stéphane. Certains avouent avec soulagement qu'ils ne maîtrisent plus grand-chose, malgré des efforts certains. Chacun y va de son expérience. Le forum grossit dans une sorte de libération collective improvisée, mais cadrée par une même question, une œuvre protéiforme, tentaculaire, mais concentrée sur la question des relations actuelles entre les parents et leurs enfants. Quelque chose semble croître à partir de cette co-création que les nouvelles technologies ont rendue possible.

Stéphane se dit qu'il a créé une soupape de décompression. Au bout de quelques semaines, un léger phénomène de *buzz* génère quelques centaines de connexions supplémentaires. Stéphane est persuadé de concourir au bien commun. La raison peut triompher de tout, les lumières de l'entendement peuvent dégager des solutions : jamais la croyance dans les vertus de la raison et du bon sens ne lui a paru plus utile. Ce que lui a donné la société, cette chance de s'extraire de sa condition par la ténacité et l'effort quotidien, il veut le lui rendre. Si tous s'y mettent, « on peut résoudre l'équation ».

Sa virilité renaît d'avoir su oser cette rébellion, ce premier acte d'autorité, l'organisation d'une ligne défensive. Même s'il est convaincu qu'il ne faut, en aucun cas, que ses enfants découvrent le blog, il se sent désormais la force de les affronter, de reconquérir un peu le terrain perdu, de tenter de reconstruire sa famille. Il vit intensément ces visites à l'hôpital. Ce qui compte, c'est d'être avec Nathalie, quoiqu'il arrive. Face à son lit, il a collé quelques photos des enfants au mur pour que le jour où elle ouvrira les yeux elle retrouve un peu de cette paix qu'elle avait construite dans sa chambre, à Saugny. Il apporte aussi des fleurs, des chocolats et des magazines que chaque semaine il jette à la poubelle. Il ne veut pas en douter, elle s'en sortira. Bruno est plus sceptique ; les médecins sont insaisissables. Stéphane a compris que rien ne sera plus comme avant. « Tant mieux ... »

Souvent, près d'elle, il ferme les yeux et rêve de tranquillité et de bienveillance, d'une maison à la campagne peut-être ; un lieu sans cellulaires, ni ordinateur, ni télévision. Il rêve de lectures dans un fauteuil en cuir, d'un sommeil sans cauchemars, d'arbres protecteurs. Il rêve d'une table en chêne sur laquelle seraient disposés une bouteille de vin à moitié pleine, un gros pain de campagne dont la croûte s'effrite autour d'un cœur moelleux, une salade de tomates préparée dans un récipient de bois. Il rêve d'un petit village où les gens n'auraient pas trop peur de l'inconnu. Il rêve de cette convivialité du soir autour d'un apéritif à la terrasse d'un café. Il rêve de jeux d'enfants dans les bois, près du ruisseau. Il songe qu'il n'a pas pu offrir à Fred et Léa ne serait-ce qu'un peu de cette sagesse-là, par-delà le bitume et le béton. Ses enfants n'ont pas appris à respirer – pas étonnant qu'ils se noient. Fred et Léa mépriseraient son « esprit provincial » et ses « clichés de bobo ». Il a bien tenté une fois de leur faire découvrir la campagne...

LE BLOG D'UN PÈRE EN COLÈRE

Merci pour votre blog. Tout prend l'eau dans ma vie aussi, comme vous dites. Mes trois fils passent leur temps en bas de la tour à dealer. Ils m'envoient promener si je proteste, comme vos gosses avec votre femme. Je sais plus quoi faire...

Mylène, Aulnay

Écrire un commentaire – Voir les (0) commentaires – Partager

Chère Mylène,

Comme je vous comprends ! Il faudrait pouvoir mettre vos enfants face à leurs responsabilités.

La première étape, c'est sans doute de ne plus culpabiliser. Vous n'êtes pas responsable de tout ça. Eux-mêmes choisissent cette voie de facilité, encouragés par des forces qui vous dépassent, comme un tsunami de facilité, le flux de toute une époque passionnée de néant qui nous entraîne tous même si on s'accroche.

Un jour, j'ai bien essayé de leur montrer autre chose que leur monde de dealers et de prostitution généralisée. Je les ai emmenés dans le petit village où j'ai été élevé. C'était un samedi pluvieux et frais. Fred et Léa étaient emmitouflés à l'arrière, résignés, déjà boursouflés d'ennui et de soupirs contenus. La campagne porte l'étiquette « ringard » dans tous les mauvais feuilletons qu'ils gobent. Après 1 h 30 sur l'A1, nous avons emprunté une nationale, une ligne sinueuse qui serpentait à travers un damier de champs verts, interrompu à intervalle régulier par des villages en briques rouges, tous semblables. Ma région d'origine paraît au premier abord triste et cependant les gens y sont souvent bons et généreux, calmés par le souvenir affligeant de deux guerres qui ont ravagé le territoire. J'ai d'ailleurs tenté de raconter aux enfants l'histoire de ces centaines de milliers de jeunes de 20 ans qui ont sacrifié leurs vies en 14-18. Léa a bâillé et Fred s'est mis à m'interroger sur les armes de l'époque, l'usage de gaz ou de la torture.

La petite ferme de mon enfance se situait à la sortie d'un village, abandonnée. Un volet sur deux pendait, la vitre de la porte d'entrée était brisée, le toit était percé ici et là. Les enfants se sont moqués de moi, comme si je venais de leur montrer l'état de mon âme.

J'ai décidé alors de rentrer et comme je ralentissais devant la place ou quelques gamins du coin jouaient au foot en riant devant leurs parents, j'ai surpris le majeur levé que mon fils tendait par la fenêtre aux joyeux gosses de la place, sidérés. Tout était dit. L'humanisme a commencé par une main tendue d'un côté et de l'autre un index et un pouce repliés autour d'une plume trempée dans l'encre et la curiosité. L'espoir était que les masses pourraient s'élever et leur esprit croître. Mais les habitants des mégalopoles connaissent surtout l'élévation du majeur et la croissance de l'avidité. Du matin au soir, ils sont gavés de mille tentations vendues par des charlatans travestis en modèles de réussite. Une société entière, avec une puissance inégalée, nous tire vers le bas, le commun, le vulgaire, le rire gras et la duplicité. Voilà pourquoi, Mylène, vous ne devez pas culpabiliser, mais lutter contre cet ennemi puissant. Vous gagnerez un peu de terrain, et si tous ensemble nous luttons, nous reprendrons quelques quartiers de nos villes assiégées.

Alors, essayez d'en sauver un de vos enfants, ce sera déjà pas mal. Je suis désolé, je n'ai pas de solutions faciles. Vous savez, Mylène, en ce moment, chaque matin, je perds espoir devant le corps abîmé de Nathalie.

Stéphane

16

Ils ont enfin remplacé la porte des urgences par un système d'ouverture électronique, commandé de l'intérieur, actionnant une épaisse porte blindée qui grince en coulissant. L'accueil des urgences ressemble désormais à celui d'une prison ou d'une forteresse. Une caméra permet à Basil, le vigile, de contrôler l'accès. Il ouvre à Stéphane comme chaque matin. Stéphane le félicite machinalement de sa toute nouvelle « porte cochère ». Basil lui offre un grand sourire :

— Là, on les tient bien à distance.

Stéphane a pris l'habitude de discuter avec lui. Depuis qu'il a accueilli sa panique le soir de l'accident de Nathalie, il éprouve une curieuse affection pour le vigile. Il l'a involontairement lié à ce drame et s'amuse de ce gros ours qui veut lui faire croire qu'il est un dur. Question de crédibilité professionnelle. À chaque visite, Basil ne peut s'empêcher de parler politique et d'essayer de le convaincre de ses opinions.

Il commence toujours par s'échauffer, son débit s'accélère et il finit en sueur, haletant. Il vote Front national depuis deux ans. Stéphane, qui au début tentait de l'en dissuader, a compris peu à peu qu'en réalité, derrière ses provocations, Basil a peur. Peur de perdre son travail, peur d'une bande de « Gremlins » qui contrôle sa cité située à une quinzaine de kilomètres de Saugny, peur que son fils aîné ne devienne un des leurs, peur quand sa fille prend le bus pour visiter une copine dans la ville voisine. La discussion ne dure pas longtemps, Basil tourne vite en rond.

Puis Stéphane monte visiter Nathalie. Il prend plaisir à s'occuper d'elle. L'angoisse de l'inaction, la nécessité pressante à ajouter les tâches aux tâches, à se croire exister parce qu'il empilait les projets, la volonté de construire un futur meilleur pour sa famille ou en tout cas de garder le rythme, d'éviter l'imprévu, la chute, toutes ces peurs passées lui semblent dérisoires : pour la première fois, il se rend compte que le visage de Nathalie a retrouvé toute sa clarté. Il lui semble même que les deux courtes cicatrices qu'elle conservera à vie, une sur le front et l'autre sur la joue, par contraste, ajoutent à son charme. Ému, il réalise qu'il la trouve plus belle qu'avant, comme si, après les éclats mensongers de la jeunesse, les désillusions de la vie de couple et ses souffrances de mère, son portrait se trouvait enfin parachevé, complet. Il tremble étonnamment en s'approchant d'elle. Il abaisse son visage à quelques centimètres du sien, hume son odeur en fermant les yeux, ses lèvres à quelques millimètres de sa peau. Il se retient de l'embrasser, relève d'une main son drap, puis, du bout des doigts, remonte sa chemise de nuit pour découvrir ses jambes blanches, presque transparentes. Sans plus aucun contrôle, ses doigts longent son mollet, frôlent sa cuisse, puis en caressent l'intérieur. En sueur, il ressent alors un mélange de désir et une intense tendresse. Brusquement, Nathalie esquisse un mouvement.

Stéphane recule, stupéfait. Que lui arrive-t-il ? A-t-il rêvé ? Nathalie ne bouge pas. Son souffle traduit un sommeil trop profond. Stéphane sent qu'il est affaibli, se découvre un immense besoin de réconfort. Il a tout assumé depuis la tentative de suicide de Nathalie, sans une seule aide, sans un instant de repos et de soutien. Sa totale solitude lui donne parfois envie de crier. D'ailleurs, elle ne date pas de l'accident de Nathalie. Il sait qu'elle est une compagne possessive. Elle s'est installée en lui depuis longtemps et il est même probable qu'il l'ait toujours connue.

Il a honte d'avoir tenté d'échapper à cette solitude en se livrant à des inconnus. Les phrases des articles de son blog défilent en lui, comme s'il les découvrait pour la première fois. Il s'est donné en spectacle, il a raconté la vie de sa famille, les moments intimes, les crises, les doutes, les douleurs. Il a vomi sans pudeur son amertume. Vanité ! Vanité ! Ce blog n'est que vanité ! lui hurle une voix qui le glace. Il faudra le fermer ce soir.

Un soupir lui fait relever la tête. Nathalie le regarde. Elle étend avec effort son bras droit sur les draps et avec lenteur, elle ouvre sa main, paume vers le ciel. Elle l'invite à le rejoindre. Elle a déjà refermé les yeux. Stéphane, fébrile, se lève, s'allonge à côté d'elle, en lui saisissant la main. Il oublie tout, profite de cette soudaine délivrance.

Combien de temps reste-t-il allongé sans un mot ? Stéphane est heureux. En lui tendant la main, elle accepte sa présence, son amour, son espoir. Elle accepte son aide, ce qui signifie qu'elle accepte de vivre. Aux regards qu'il échange ensuite avec Nathalie, tandis que les infirmières s'activent, Stéphane pressent que c'est là une première victoire sur la fatalité, sur le passé, sur les forces destructrices et, aussi, une victoire sur leurs propres enfants et leur patient travail de sape.

LE BLOG D'UN PÈRE EN COLÈRE

Monsieur. Je suis désolée pour votre femme. Je me demande comment tout a pu déraper dans certaines villes comme la vôtre ou comme la mienne. J'ai dû mettre mes enfants en pension à 50 km de chez moi, car au collège, ça devenait impossible. Comment a-t-on pu en arriver là ? ...

Sophie, Aulnay

Écrire un commentaire – Voir les (o) commentaires – Partager

Par lâcheté, Madame. Tout vient d'une immense lâcheté. Nous aussi on a été témoin de cette dérive à l'école et encore plus que d'autres, car Nathalie était prof. Années après années, la situation se dégradait, les élèves devenaient difficiles à maîtriser, comme chez vous à Aulnay, j'imagine. Avec ses collègues, ma femme réclamait une remise à plat du règlement intérieur, mais le proviseur ne répondait pas et reportait toutes décisions. Il refusait toute action impopulaire auprès des parents de mauvais élèves, c'est-à-dire de la majorité. Ça me rendait fou cette inertie. Les incivilités, les impolitesses, les insolences se multipliaient par ce laisser-aller complice nourri de l'esprit d'abandon de toute une époque.

Il y avait tous ces mots que nos enfants ne prononçaient plus, des mots qu'ils ont oubliés, comme « gentillesse, politesse, respect, bienveillance, écoute ». Au fond, je crois que c'est nous-mêmes qui les avons abandonnés. On n'ose plus

depuis longtemps ni les prononcer, ni les défendre, ni les transmettre. Ce sont les mots oubliés par notre génération, qui a trop misé sur le fonctionnel, l'apparence, la compétition, le conformisme, le crédit, les choses. Et les mots qu'une société exile nous en disent beaucoup sur les valeurs qui la déchirent…

Face à ce glissement, certains professeurs avaient bien tenté de résister, mais leurs voitures avaient été vandalisées dans l'allée qui menait au collège, à deux pas de la cité. Certains avaient été menacés physiquement. Le proviseur relativisait. Il ne fallait pas que les médias s'intéressent de trop près à son établissement, alors il truquait les apparences, et tout avait l'air anodin. C'est l'affaire des lâches que de relativiser.

Peu à peu les élèves du centre-ville ont disparu du collège, placés dans l'école privée de l'autre côté de la ville ; les bagarres, le ton et les attitudes « caillera » que prenaient peu à peu ces enfants étaient les justifications que leurs parents donnaient aux professeurs pour expliquer leur décision. On peut comprendre quand j'écoute mon fils parler, cela ressemble à peine à du français. La langue de « Lièremo », ce sont dans beaucoup de coins de France des borborygmes nerveux, comme des relents de vomi. Dans la salle des professeurs, on s'offusquait à moitié, on souffrait en silence, on ne voulait pas faire de vagues.

Vous voyez Sophie, vous avez bien fait de mettre votre enfant à l'abri, même à 50 km. Avec Nathalie on aurait dû suivre cette voie plutôt que de tenter de sauver le monde ou de jouer les égalitaristes. On a fait l'autruche longtemps.

On n'a pas voulu voir tous ces gens dans notre ville qui apprenaient à baisser le regard dans les transports, à éviter toute protestation, à se montrer dociles, soumis, dès lors que quelques capuches apparaissaient. J'ai été aveugle. Je n'ai rien vu des affreuses valeurs naissantes de ces nouvelles générations, dont mes propres enfants allaient faire partie.

Alors, bon courage Sophie. Il y a toujours de l'espoir. Par exemple, Nathalie est sortie du coma et maintenant, je vais essayer de recoller les morceaux.

Bon courage !
Stéphane

17

Ils sont là, réunis, toute sa famille devant elle, à sourire. Léa, assise à la droite du lit, se laisse caresser les cheveux par sa mère. De l'autre côté, jambes croisées, Fred tapote sur son iPhone tout en lui parlant :

— Valait mieux qu'ils arrivent à te soigner, maman, on les aurait bien marav s'ils t'avaient pas fait revenir. J'te jure, ces médecins, ils se la pètent grave ! Ils se prennent pour des boss, t'embrouillent avec leurs mots à la con, croient qu'il leur suffit d'une blouse blanche pour qu'on gobe leur charabia. Ils ont intérêt à se tenir à carreau.

— Ils m'ont dit que vous vous êtes fait du souci pour moi.

Fred aperçoit son père qui vient d'entrer dans la chambre. Il se rembrunit, de toute évidence gêné par sa présence.

— Vas-y, maman, ça reste entre nous, papa, il n'a pas à savoir.

D'un ton volontairement neutre, Stéphane s'adresse à son fils.

— Ne t'inquiète pas, ce qu'on se dit en famille reste dans la famille de toute façon.

— C'est une bonne règle, intervient Léa en souriant à sa mère.

Fred se plonge à nouveau dans les reflets de son miroir téléphonique. La mère et la fille se mettent à parler du temps qu'il fait, de choses anodines, du rétablissement rapide que les médecins pronostiquent. Stéphane intervient peu, comme son fils, se contentant d'acquiescer aux paroles de Nathalie et de Léa. Pour la première fois depuis des années, il mesure une union, fragile, naissante, entre elles, et aussi peut-être la fin des agressions permanentes de son fils. Peut-être peuvent-ils reconstruire ensemble quelque chose de nouveau ? se demande-t-il. Peut-être peut-on les sortir de leur trafic ? Ou bien il faudra les considérer désormais comme adultes, maîtres de leurs choix, et les accepter comme ça.

— Et tu rentres quand à la maison ? demande Léa.

Sa mère se fige brutalement à cette évocation. Léa se mord la lèvre puis reprend :

— Tu sais… avec Fred, on a réfléchi, on va diviser la maison en deux. On mettra une cloison et comme ça, tu auras la cuisine et tout le haut pour toi. On a un pote, Kamel, tu l'as déjà vu, il fait des études, il a besoin de maille, il est un peu bricoleur avec ses deux frères. Ils vont nous aider. On ne veut pas que tu partes, on veut que tu te sentes chez toi. On sait bien que… enfin, qu'on déborde un peu parfois, on va faire attention…

Cette fois, tout sourire a disparu. Nathalie, pâle, remonte la couverture sur elle, détourne le regard. Elle tente de répondre, la voix enrouée, puis se bloque. Elle a ramené ses mains sous les draps, elle ne bouge plus, les yeux tournés vers le plafond. Fred se décide à intervenir.

— Lâche-la, Léa, elle fera ce qu'elle veut, faut qu'on la laisse se reposer, on a le temps pour décider.

Stéphane regarde avec étonnement son fils qui se lève déjà, entraîne une Léa fébrile, atteinte, presque honteuse. Ils s'éloignent déjà dans le couloir.

Stéphane s'assoit. Nathalie le regarde, grave. Après un temps, elle reprend la parole :

— Ne crois pas que ce soit fini. Il faudra du temps. Ils m'ont fait plusieurs fois le coup de la séduction. Et quelle séduction ! Une cloison dans la maison ! Et pourquoi pas un passage à niveau !

— Tu crois qu'on y arrivera ?

— Avec le temps. Léa ne m'avait pas laissé lui toucher les cheveux depuis des années… je crois que le choc nous a tous marqués.

— Je sais. Maintenant, tout ça, c'est du passé. Il faut changer, ne plus laisser les choses nous diriger.

Stéphane marque une pause, semble hésiter :

— Tu sais, j'ai un truc à te raconter… un truc que j'ai fait… enfin… je…

— Quoi ?

Stéphane a rougi, il baisse la tête et murmure :

— Rien, en fait, on va se donner le temps avec les enfants. Je pense quand même que tu devrais venir chez moi, après l'hôpital. S'il te plaît. Ça me rassurerait et ça rassurerait ton père. Tu diras aux enfants que tu les retrouveras après leurs travaux, dans quelques mois.

— Tu as peut-être raison. De toute façon je voulais partir…

— Ne t'inquiète pas, aucun service sexuel en échange…

Nathalie sourit. Puis elle lui demande :

— Tu voulais me raconter quoi ? Ça avait l'air important.

— Rien, rien... plus tard, ce n'est pas si important...

Il est trop tôt ou trop tard pour lui parler du blog, se dit-il, elle est fragile, elle ne comprendrait pas ou ne comprendrait pas pourquoi c'est important pour moi. S'il doit reconstruire sa vie, mieux vaut être vierge de tout déballage public.

LE BLOG D'UN PÈRE EN COLÈRE

Cher Stéphane, j'ai été ému par l'histoire de votre femme. J'ai deux enfants et je suis divorcée depuis un an. J'ai l'impression de contrôler la situation. Mais j'aimerais comprendre comment votre femme a pu craquer à ce point ?

Jennifer

Écrire un commentaire – Voir les (o) commentaires – Partager

C'est une longue histoire. Au début, Nathalie a lutté pour aider les jeunes à Saugny. Pendant des années, elle a mobilisé la mairie et les services sociaux, mis en place une vaste organisation de soutien scolaire. Elle tentait aussi de sensibiliser des parents dépassés, épuisés ou indifférents. Je crois bien qu'à cette époque, elle était aimée et soutenue. Il y avait dans cette lutte quelque chose d'héroïque, c'est ce que je lui répétais, un peu inquiet tout de même. Elle luttait avec les mères pour que leurs gosses ne deviennent pas « guetteur » à 150 euros par jour. Elle s'entendait bien avec ces femmes courageuses pour tenter de discipliner ses petits gars, de refuser de tout accepter.... Mais le problème, Jennifer, c'est que la société déploie des sommes colossales pour frustrer nos enfants, les rendre avides, alors toute petite contradiction, toute contrariété venant de leurs parents, ces « has been », les rend fous.

Enfin, Nathalie s'est épuisée dans ce combat. Car il y a eu l'histoire avec Bamba. Ce jour-là, elle avait exigé que

ce gamin s'excuse pour l'avoir insultée. Elle voulait aussi qu'il écrive deux cents fois : « On ne dit pas "nique sa mère" à son professeur, car ce n'est grammaticalement pas correct. » On connaissait Bamba, on le craignait. En salle des profs, on soupçonnait qu'il rackettait régulièrement les plus faibles. Mais jusqu'ici, sa présence avait surtout été passive. Devant les cas jugés difficiles, les professeurs avaient appris à se contenter de cette neutralité qui leur permettait au moins d'enseigner aux autres sans interruption permanente. « Pas de vague », c'était le maître mot du proviseur. Mais depuis quelques jours, Bamba se montrait bruyant, agressif, instable. D'expérience, Nathalie sentait avec angoisse qu'il lui faudrait en passer rapidement par une confrontation, ne pas laisser se dégrader la situation, se faire respecter.

Bamba avait balancé un autre « nique sa mère ». Nathalie lui avait demandé de sortir de la classe, mais il n'avait pas bougé. Elle avait haussé le ton et cette enflure s'était mise à rire, d'un rire gras, ouvert, détendu, un rire communicatif, de sorte que la classe aussi s'était mise à rire. L'humiliation. Nathalie a traversé la classe et a tenté de tirer la manche de Bamba pour le faire lever. Avec ses 80 kilos, la masse n'a pas bougé et a continué de rire. Alors elle l'a traité de sale gosse.

Il s'est levé d'un coup et lui a balancé un coup au ventre avant de lui cracher dessus. Puis, il est sorti lentement de la classe. Elle a hurlé, un long cri, le résultat de mois et de mois d'humiliations, de peurs enfouies et de douleur. Quelques filles se sont précipitées pour la relever. Une fois le proviseur prévenu, Bamba a été exclu cinq jours et on l'a changé de classe. Tu parles d'une punition pour cette brute décérébrée. On a convoqué la mère de Bamba qui s'est présentée, abattue, de toute évidence dépassée, effrayée par son propre fils.

Jusqu'ici, Nathalie avait encaissé les reproches des parents qui défendaient bec et ongles et parfois avec agressivité l'indiscipline de leurs enfants. Mais ce coup de poing a tout détruit en elle, il a mis sous terre ses rêves d'adolescente. Elle a fini par consulter un médecin et a pris son premier antidépresseur. Voilà l'histoire, le début de la fin.

Le pire c'est que quatre semaines après ces événements, notre fils, en rentrant un soir, s'est approché étrangement de sa mère et l'a embrassée sur les joues. Le lendemain matin, on a retrouvé Bamba, pieds et poings liés dans une cave de la cité, les deux jambes brisées et le visage tailladé. La vendetta menée par Fred contre Bamba a changé l'ambiance dans la classe de Nathalie. Ses élèves la regardaient désormais différemment, comme si elle était davantage de leur famille, mais aussi comme si toutes ses tentatives de leur montrer qu'un autre monde était possible n'avaient plus aucune crédibilité. Quelque chose était brisé, vaincu, définitivement rabaissé.

Ça a été aussi le coup de grâce pour notre couple. On s'est séparé, provisoirement soi-disant. Depuis, sur les lèvres de Léa et Fred, cette séparation alimente notre procès, de toute évidence un reproche sans pardon possible, une dette abyssale dont ils nous présentent les intérêts à la moindre occasion. Sans doute vos enfants aussi exploitent-ils votre mauvaise conscience ? Au fond, je crois que notre pire erreur, c'est notre tentation à l'autoflagellation.

Le mal gagne, voilà la vérité, il fonctionne comme un virus. Il a contaminé Nathalie qui s'est peu à peu détruite en s'isolant dans un arrêt maladie dont elle n'est jamais vraiment sortie.

Stéphane

18

À quoi bon supprimer mon blog, se dit-il, ils ne sont pas si nombreux à le connaître. Nathalie ne le découvrira jamais. Elle surfe peu. Elle n'a ni profil Facebook, ni e-mail. On peut dire qu'elle a toujours été un peu déconnectée d'une certaine manière, préférant un livre ou une sortie. Et puis Stéphane poursuit avec succès son rapprochement avec Nathalie et n'a pas envie de tout gâcher en révélant qu'il a parlé de sa tentative de suicide à la France entière. Elle va mieux, nettement mieux, comme si son accident avait débloqué en elle une aptitude à la prise de distance vis-à-vis de ses enfants. Sans qu'ils n'en parlent, Stéphane est persuadé qu'elle ne regrette pas son geste, qu'elle n'éprouve aucune honte. Il voudrait qu'elle ait un peu de remords, un peu de honte à avoir voulu disparaître. Mais elle ne semble étrangement pas bousculée par sa tentative de suicide ou bien elle l'a surmontée. Tous les jours, ils plaisantent, ils osent évoquer le futur, en amis bien sûr, et ça le rassure. Depuis un mois, il la visite aussi parfois l'après-midi, pour croiser Fred et Léa. Il reste quelques minutes, tente de les apprivoiser. Léa embrasse sa mère et il comprend qu'il ne manque pas grand-chose pour qu'elle lui fasse une bise à lui aussi. Fred ne la ramène plus trop. Parfois, par abus d'alcool ou de drogues, ils arrivent tendus, sur les nerfs, prêts à bondir. Nathalie se crispe d'un coup, puis ferme les yeux, simulant le sommeil. Stéphane regarde sa montre, invente un rendez-vous et s'éclipse. L'esquive pour éviter le clash, toutes les familles connaissent ça.

Un jour, Stéphane apporte un prospectus pour un voyage en Grèce, une brochure que Basil lui a donnée. Les paysages magnifiques, le repos, la détente, et pendant quinze jours, aucun conflit ne viendrait briser cette indispensable bouffée d'oxygène. Partir dans ce cadre pourrait permettre à Nathalie de souffler et de se ressourcer, loin des villes et de ses enfants. Elle est presque prête à accepter que Stéphane lui offre ce cadeau. Mais ce sera dans deux mois, après sa rééducation.

Au bureau, il est moins sûr de lui, il sent la menace rôder. On modifie les attributions des uns et des autres, les processus, l'organisation. La délocalisation des activités de développement informatique a commencé. Cinquante ingénieurs ont été remerciés. « L'Indien coûte 1 000 euros par mois, qui dit mieux ? » a écrit au marqueur dans l'ascenseur un révolté, avant qu'une équipe de nettoyage ne s'affaire pour tout effacer. Une nouvelle organisation destinée à engendrer de sérieux « gains de productivité » en regroupant les compétences et en appliquant un « suivi des temps passés » le cantonne à des tâches limitées et plus répétitives. Un large *open space* sépare les équipes taylorisées en trois pôles.

Tout a changé, l'ambiance, les rapports humains, le moral de chacun. Froide, la nouvelle directrice, la « mante », dresse les uns contre les autres, joue des rivalités existantes, en crée de nouvelles, sacralise la manipulation comme mode de management. La terreur s'immisce, ses collègues se mettent tous à « calculer ». Le processus acide ronge et détruit les bonnes volontés dans l'entreprise. La « mante » supprime en silence les opposants, un à un. Diviser pour mieux régner.

Elle ose tout, se répète Stéphane, elle ose tout, à la manière des bandes de Saugny, à la manière de ceux qui ont fait disparaître en une nuit l'unique usine de la ville, cinq ans auparavant.

LE BLOG D'UN PÈRE EN COLÈRE

Monsieur. J'ai lu votre blog avec attention. Je comprends votre révolte, mais il n'y a pas un mot sur le facteur social. Pourquoi oublier les causes principales que sont le chômage, la misère, la précarité, l'urbanisme ?

Jean-Michel

Écrire un commentaire – Voir les (o) commentaires – Partager

Cher monsieur

L'excuse sociale nous est servie depuis trente ans et justifie l'inaction, au fond. Il y a des kilomètres de textes à ce sujet. Sociologues, politiciens, « experts », tous ont trouvé plus rassurant de justifier la dérive par le manque d'emplois ou la ghettoïsation. Et ce n'est pas faux. Je dis simplement que tout n'est pas là et qu'en niant la responsabilité individuelle, la déshumanisation qui est née du consumérisme, on passe à côté de la vérité, qui est qu'une société ne tient que par ses individus et surtout ceux qui sont intègres et résistent au mal. Pour autant, pour aller dans votre sens, je peux vous confirmer que la dégradation à Saugny s'est accélérée lorsque le premier employeur, un sous-traitant de constructeurs automobiles, a fermé. Un terrible épisode. Toute la ville s'est mobilisée pour sauver ces centaines d'emplois. Il s'agissait d'une usine à « faible valeur ajoutée », comme disent les imbéciles. Car ceux-là ne comprennent pas que la « faible valeur ajoutée », en général, ça occupe beaucoup de monde, des gens qui préfèrent ce travail à l'assistanat. La faible valeur ajoutée à Saugny, ça faisait vivre 500 familles dont une majorité là-haut, à la cité. Ça permettait d'insérer des jeunes plutôt que de les laisser traîner en bas des immeubles.

Alors en quelques mois, le chômage a tout grignoté. La précarité s'installait par strates successives, à la manière des couches géologiques, de sorte que, pour certains, la profondeur de l'enfouissement interdisait tout espoir de remonter à la surface. La seule perspective est venue de l'augmentation des ventes de drogues dont la consommation explosait, favorisée par les people ouvertement encanaillés, les producteurs de films dégénérés ou de musique aux paroles libérées. Des grappes entières de préados se retrouvaient jusqu'à une ou deux heures du matin en bas des barres, à discuter en fumant du shit. Le matin, en « cours » Nathalie les trouvait avachis, indifférents, irrités, déjà en retard scolaire à la rentrée.

Oui, la fin de l'usine, ça a été la fin de la dignité des pères, du respect et l'« open drug » pour leurs enfants rebelles.

Mais croyez-moi, ça ne justifie pas tout. Une conscience morale n'a pas besoin d'un compte en banque pour se révolter.

Stéphane

19

Stéphane suit avec ennui un exposé de la direction sur les « unités de valeur », un nouvel outil de « *reengineering* » qui devrait permettre, si tout le monde l'applique avec rigueur, de gagner en rentabilité. Cela fleure surtout l'outil pour les pister et justifier une nouvelle étape dans la délocalisation des activités en Inde. C'est que le chiffre d'affaires n'est pas bon et du coup, la « mante » a vendu aux Américains une conjoncture difficile pour justifier le « *cost killing* ». Il est 11 h 45 et son téléphone vibre. Il jette un œil et découvre le nom de Basil. Il n'est censé l'appeler qu'en cas d'événement grave. Il faut se lever, faire un signe d'excuse, se glisser, penaud, hors de la salle sous l'œil sévère de la « mante », dos courbé, l'ordinateur sous le bras.

Stéphane rappelle, tombe sur le répondeur. Sans doute Basil lui laisse-t-il un message. Il réitère. Cette fois, Basil répond. Sa voix tremble au téléphone et ce n'est pas bon signe. Il faut venir, vite, lui répète-t-il, fébrile. Non, Nathalie va bien, mais il faut venir, tout de suite.

Basil doit lui parler face à face. Stéphane insiste, menace, invective. Basil finit par céder et, curieusement, s'exprime à voix basse. Il lui raconte qu'un journaliste s'est renseigné aux admissions. Il a demandé si en janvier dernier, une femme du prénom de Nathalie avait été admise suite à un grave accident. L'infirmière de permanence a refusé de donner le numéro de la chambre de Nathalie, mais elle a donné le téléphone de Stéphane.

— Vous êtes peut-être sur écoute, lui chuchote Basil.

Malgré la gravité de la situation, Stéphane sourit. Puis, un appel inconnu s'affiche sur son portable. Stéphane abandonne Basil et répond. Il s'agit d'un certain Jean-Philippe, une petite voix nasillarde, qui indique qu'il est déjà en montage et voudrait insérer une ou deux phrases du créateur du blog. Sans attendre la réponse de Stéphane, il poursuit :

— Venez me rejoindre au studio, à Boulogne, on diffuse à 13 h, il faut vous « speeder », passer au 13 h, c'est la classe, mon gars ! On va parler cinq bonnes minutes de votre blog chez Pernaud ! C'est la gloire pour vous ! Alors, vous venez ?

— Mais je ne veux pas. Pourquoi vous voulez parler de moi ?

— Je suis comme ça, un vrai dénicheur, et quand un sujet a un fort potentiel, je le débusque !

— Mais comment avez-vous trouvé mon blog ?

— C'est une amie qui est tombée dessus à cause d'une annonce sur Google. Sa fille est anorexique, ça fait désordre au lycée Saint-Louis !

Jean-Philippe éclate de rire.

— Laissez tomber, mon blog n'a pas d'intérêt. Je vais le fermer d'ailleurs. Je compte à peine quelques centaines de connexions. Ça n'intéresse personne.

— Mais si ! Faut juste booster tout ça ! Vous allez voir ! Des millions de personnes vont vous découvrir. On va orchestrer la révolte des parents, leur créer un mai 68, ça, c'est du lourd, ça peut faire péter l'audimat ! Vous allez devenir célèbre ! Votre message sera entendu au-delà de toute espérance.

— Mais je ne veux pas. Je veux qu'on arrête tout ! Oubliez-moi ! J'en veux pas de votre bruit !

— Calmez-vous, O.K. ! O.K. ! Tant pis pour vous. On fera une interview plus tard, après la diff ! Vous ne seriez pas en train de me négocier en fait ? Vous voulez combien ? Haha je plaisante ! à bientôt !

Il a raccroché. Stéphane, debout dans l'*open space,* est tétanisé. Il ne réfléchit plus, se sauve plus qu'il ne quitte le bureau, se retrouve chez lui une demi-heure plus tard devant le téléviseur allumé, en sueur, la boule au ventre.

Il attend le journal de 13 h. Vers 13 h 15, le mini reportage démarre par la voix-off de Jean-Philippe qu'il reconnaît, tandis que défilent des copies d'écrans du blog, des réactions, des plus caricaturales aux plus vulgaires, une sélection par le bas, pour choquer. Et la voix off déroule :

— Il y a quelques mois, un père criait sa colère contre ses propres enfants qu'il accusait d'avoir poussé leur mère au suicide ! En exclusivité, nous avons retrouvé cette famille et notamment l'hôpital où est soignée Nathalie, la femme dont il est séparé, la mère de ses enfants, qui a jeté sa voiture contre un mur.

Puis apparaît à l'écran une photo de Nathalie, suivie d'une autre de Stéphane trouvée sur Internet, probablement choisie pour le côté inquiétant de ce portrait en noir et blanc, de ce visage maigre et anguleux. S'affiche ensuite la façade de l'hôpital, une fenêtre prise au hasard. Jean-Philippe poursuit son commentaire :

— C'est ici que se reconstruit une mère épuisée, poussée à bout, déprimée comme chacune de vous pourrait le devenir si l'un de vos enfants devenait un membre d'une bande violente, ceux qu'on nomme les « Gremlins ».

Maintenant, c'est à Saugny que le journaliste a posé ses caméras, capturant les rues, la maison familiale, la cité, avec, en prime, un zoom sur une bande les insultant à distance, avec force signes hostiles. Pas d'images de Léa et Fred. Le reportage s'achève sur Jean-Philippe, vêtu d'un pull léger à même la peau et d'un jean de marque faussement délavé, avec au loin les tours de la cité de Saugny et qui conclut avec gravité :

— Une zone de non-droit, une mère acculée, un père en colère... On se demande tous : comment venir en aide à cette famille ? Comment aider ceux qui comme eux souffrent en silence ?

L'appel à l'aide, ça fonctionne toujours côté audience, se dit Stéphane. Mais pour lui, comme pour sa famille, ce reportage racoleur, c'est un assassinat.

20

Stéphane veut parvenir à l'hôpital rapidement, être le premier à prévenir Nathalie, en espérant qu'elle n'a pas suivi le journal de 13 h. Il lui expliquera, il lui racontera tout, l'angoisse, la rage, la volonté de crier au monde ce qu'ils ont vécu, ces dizaines de parents qui l'ont rejoint dans sa colère, ces silencieux qui se sont trouvés. Elle comprendra. Elle devra comprendre que le blog a été son cri comme son acte de désespoir a été le sien.

En arrivant à l'hôpital, il constate, effaré, l'effervescence. Des voitures de RTL, France 3 et Europe 1, stationnent devant l'entrée. Stéphane parvient à pénétrer dans le hall grâce à Basil, qui lui ouvre directement. Il monte quatre à quatre les escaliers. Le silence dans le couloir est étonnant. Il faut se calmer, ralentir, retrouver de la force. Et partir du principe qu'elle « sait ». Elle ne peut pas avoir ignoré l'agitation à l'extérieur. Il pousse la porte de la chambre et la découvre, assise sur le lit, les bras croisés, qui le regarde avec violence.

— Comment ? Comment as-tu osé ? Déballer notre vie, au monde entier…

— Écoute, je… ça devait rester anonyme. C'était ma réaction, après l'accident…

Nathalie regarde vers la fenêtre, vers l'extérieur, comme pour se délivrer d'un trop-plein de tension.

— Les enfants étaient là, devant le téléviseur, au moment de l'émission. C'est eux qui avaient allumé. Si tu avais vu leur tête ! Fred a tout de suite retrouvé ton… ton texte avec son iPhone. Ils ont lu à haute voix quelques-unes de tes contributions !

— Je préfère ça, j'avais peur que vous ne connaissiez que la version de cet imbécile de commentateur.

— Tais-toi ! Tu ne comprends pas ! Ta fille a pleuré ! Pour la première fois depuis des années, elle a pleuré dans mes bras ! Elle me répétait : « Il nous déteste ! Il nous déteste ! » Tu comprends ? Tu comprends le mal que tu as fait ? Fred restait debout, les poings fermés. Il n'a plus desserré les mâchoires jusqu'à leur départ.

— Mais… mais j'ai dit la vérité, notre souffrance… ta souffrance… leur dureté à eux, leur ingratitude… ils le savent bien.

— Arrête ! Arrête ! Tu n'avais pas le droit d'écrire ça au monde entier.

Stéphane regarde Nathalie. Il vient de comprendre qu'il a créé un front face à lui. Il les a réconciliés dans la haine. Mais quoi ? Tout ça est un peu facile. D'un coup, la colère remonte en lui.

— Alors c'est ça ? Tu les défends encore et tu me mets tout sur le dos ? Mais si tout est si génial avec Fred et

Léa, qu'est-ce que tu fais là ? À l'hôpital ? Pourquoi as-tu balancé ta voiture contre un mur ?

— De quoi tu parles ?!

— À ton avis ? Rappelle-toi ce jour où je t'ai trouvée, prostrée dans ta chambre, à tapisser entièrement les murs et le plafond avec les photos de nos gosses ! Tu ne supportais plus ce qu'ils sont devenus, des dealers insolents, tu ne supportais plus leur agressivité, leur méchanceté !

— Tais-toi !

— Eh bien ! mon blog, c'était mon cri à moi pour témoigner de notre révolte, une révolte légitime. Et crois-moi, je ne voulais pas que ça passe à la télé. Mais tu aurais dû me soutenir, crever l'abcès avec les enfants, leur dire qu'ils ont aussi leur part de responsabilité !

— Pour quoi faire ? Tu crois que ça va arranger les choses ?

— Et ta tentative de suicide, c'était pour arranger les choses ?

— Quelle tentative ? Tu crois vraiment que j'ai voulu me suicider ?

— Mais…

— Ô mon Dieu ! Tu n'as rien compris ! Tu crois vraiment que j'ai tenté d'en finir ?

— Que veux-tu dire ?

Nathalie esquisse une grimace :

— Je voulais juste partir, ne plus subir la pression, retrouver ma liberté. J'ai pris mes affaires et je suis partie ! Et puis j'ai roulé. Sur la route de la zone industrielle, j'ai roulé trop vite, il faisait noir. Et je me suis laissé surprendre. Le mur est apparu dans mes phares alors que je pensais en être loin. J'ai freiné, j'ai freiné comme une folle ! J'ai appuyé de toutes mes forces sur les freins ! Tu comprends ! Jamais je n'ai voulu mourir ! Oui je n'en pouvais plus, j'étais mal, mais ce n'est pas pour mourir que je fuyais, c'était pour vivre, vivre à nouveau !

Stéphane ne bouge plus, stupéfait. Elle tourne à nouveau la tête vers la fenêtre, déterminée.

— Écoute, Stéphane, tu es seul maintenant. Je ne veux plus te revoir, avec tous ces journalistes qui te traquent. Les enfants ne veulent plus te revoir. Va-t'en.

— Mais ils méritaient que je...

— Maintenant, laisse-moi.

— Nathalie...

— Va-t'en !

Stéphane recule dans le couloir. Il sort de l'hôpital par l'arrière, pour éviter les journalistes, rejoint sa voiture sur le parking.

Il prend le volant, en automate. Il faut qu'il les rattrape, il faut qu'il leur parle. Ils pourront comprendre qu'à un moment, lui, comme eux l'ont fait mille fois, ait claqué la porte sur un mouvement de colère. Ils pourront s'expliquer. Il n'y a plus d'orgueil en lui, il n'y a plus de fierté, rien qui ne l'empêche de s'avilir pour sauver un peu de ce qui peut l'être. Quelques minutes plus tard, il roule vers Saugny.

21

Léa ne sait pas trop pourquoi, mais elle est montée dans la chambre de sa mère, comme si la clé du désastre s'y trouvait. Depuis combien de temps n'a-t-elle pas visité cette pièce ? Plusieurs années sans doute. Elle se tient raide, assise, émue. Elle fume un joint qu'elle a allumé aussitôt après avoir découvert les murs et le plafond couverts des photos de son frère et d'elle. Elle regarde cette petite fille rondelette de 5 ans, elle s'étonne de cette vitalité qui ne cadre plus avec son teint pâle, ses membres courts et maigres, son physique d'anorexique. Elle n'est que nerfs et tensions et l'enfant en face d'elle, sur les centaines de photos, semble lui demander des comptes.

Il y a son frère aussi, un petit garçon comme un autre, les joues rouges, le sourire avenant. Rien à voir avec celui qu'elle entend en bas. Il continue à hurler qu'il s'en fout du blog et du reportage TV, mais que ça va rameuter des journalistes, et des flics aussi, que ça va foutre la merde, qu'il n'a pas besoin de ça, déjà que c'est un peu tendu avec Rachid, déjà que plein de petits merdeux essayent de vendre sans son accord, qu'ils lui grignotent les mollets, qu'il y a déjà tellement à faire pour qu'on le respecte, parce que les nouvelles générations de la cité, elles n'ont peur de rien, se pointent avec un flingue à 14 ans, croient qu'il suffit de te taper dessus pour prendre ta place !

Elle entend Kamel qui acquiesce. Il sait bien, lui aussi, que pendant les colères de Fred, il ne faut pas tenter de le raisonner, il faut accompagner la vague, attendre l'accalmie. Fred crie qu'il en veut à son père pour cette publicité dont il n'a pas besoin, mais en réalité, Léa sait bien qu'il y a autre chose. Depuis des années, Fred a endossé le rôle ingrat, qui ne laisse aucune place à la sensibilité. Léa a toujours été sa plus fidèle alliée, elle le protège des autres, des Rachid, des brutes, et de lui-même. Elle l'aime, Fred, comme un père aussi, un protecteur, un complice, un camarade de chambrée.

Maintenant, elle navigue sur les images de son enfance et, sans s'en rendre compte, elle a déjà allumé un autre joint. Elle se demande si elle ne va pas se faire une ligne de coke ; elle se sent aspirée dans le vide par ce curieux musée de son enfance. Elle se demande comment on a pu extraire quelqu'un comme elle de cette petite fille souriante. Puis les mots du blog lui reviennent. Et si sa mère avait quand même tenté de se suicider. Elle a beau dire que non, elle n'allait pas bien.

Cette question lui cogne dans la tête, lui brûle l'estomac, et la nausée s'installe. Et, en bas, ce qu'elle entend, la rage de son frère, c'est aussi ce doute qui les ronge. Oui, elle ose se l'avouer, son père n'a pas tort, ils se sont comportés comme deux ingrats. Ils sont en mouvement depuis presque dix ans, au point qu'elle ne se souvient plus avoir fait une pause entre ses débuts dans le business et la période d'expansion sur Paris. Tout a été si vite, un trip sans réveil. Jusqu'à l'accident.

À l'origine, Fred voulait la protéger. Mais ensuite, elle sait bien qu'ils ont aimé les consommer, toutes ces drogues, ils se sont sentis vivre, ils se sont sentis puissants, indestructibles, conquérants. Et puis, Fred, il lui a dit qu'il ne bosserait jamais comme son père, qu'attendre vingt ans pour se payer ce qu'il voulait, c'était trop long, trop humiliant. Il voulait vite posséder « un portable, une caisse, de l'oseille pour ne pas avoir à compter comme tous les minables ». Il aimait l'ascendant qu'il prenait chez les « Gremlins », l'adrénaline du business, son rapport de force avec Rachid, l'aventure en somme. Il y a un moment où ils ont su tous les deux que c'était trop tard, qu'ils ne reviendraient jamais en arrière et au fond, qu'ils aimaient cette vie. Ils étaient pris en tenaille dans le puissant engrenage de l'argent facile.

Léa se prépare une ligne et la sniffe sur le couvre-lit. Ça va mieux. L'énergie monte en elle et balaye ce début de cafard. Elle va repartir à Paris pour relever les compteurs. Fred va monter à la cité pour voir Rachid. Paraît qu'il a attrapé un resquilleur, un de ces gars qui bouffent leur pain et squattent leur territoire. Pour Fred comme pour Rachid, il n'est pas question d'accepter ce genre de « recul d'autorité ».

À l'hôpital, elle avait la haine, mais maintenant, là, dans la chambre de sa mère, Léa se dit que le blog de son père n'est pas tout à fait à côté de la plaque. Il a craché sa haine, et ça, elle le comprend. Elle ne le dira jamais à Fred, encore moins à sa mère qui n'accepte pas ce déballage, mais il fallait oser. Elle se touche le nombril, attrape son piercing, le titille un peu, se punit en tirant violemment dessus. Elle regarde à nouveau son ventre. Peut-être que de son ventre pourrait naître un enfant, lui susurre une voix. Elle s'étonne de ces pensées, les attribue à ce plafond gavé de photos d'enfants. Comment pourrait-elle avoir un gosse ? Qui voudrait d'elle ? Et surtout, qui accepterait-elle de laisser entrer en elle et dans sa vie ?

Elle sera peut-être toujours vierge. Elle regarde à nouveau son ventre, se jure que jamais rien n'en sortira ; et puis, elle éprouve subitement un sentiment de pitié pour ses parents.

— Faut être ouf pour oser faire des enfants, se dit-elle. Un truc de maso, de quoi se bouffer le sang le reste de sa putain d'existence. Ouais, les vieux, franchement, fallait le faire de nous faire, ose-t-elle à voix haute.

Fatiguée, elle se penche en arrière, découvre la boîte à chaussures à côté du lit, l'ouvre, la fouille, et puis, le geste triste, elle en extrait une photo qu'elle punaise au-dessus du lit. Sur la photo, devant la mer du Nord, ils se tiennent, souriants, tous les quatre, la famille réunie, heureuse. Elle entend Fred qui s'éloigne dans la rue en parlant haut au téléphone. Plus un bruit.

Elle n'a plus qu'à rejoindre le RER et se barrer de cette ville qu'elle déteste.

22

Lorsqu'il se gare devant la maison, la façade de brique est illuminée d'une lumière vive. Les reflets de ce soleil de printemps lui rappellent à quel point il a aimé ce lieu. À l'extérieur, quelques sacs de ciment, du plâtre, des outils ; de toute évidence, les travaux que Fred a promis à sa mère sont lancés, sans même l'accord final de Nathalie. Sur la table de la salle à manger, Stéphane découvre, étonné, des livres de trigonométrie et un précis d'exercices de mathématiques ouverts sur des équations. Il reconnaît ces signes, se remémore ses études. Sur des feuilles éparses couvertes d'une écriture d'enfant se succèdent les formules et les ratures.

— Hé, bonjour Monsieur, qu'est-ce que vous faites là ?

À l'entrée de la cuisine, Kamel, une assiette de frites à la main, un Coca dans l'autre, se tient devant lui :

— Et vous ?

— Bah, c'est vot' fils, il me prête la maison pendant les vacances scolaires, pour que je révise. Sympa ? Non ?

— Mais… eux, ils sont où ?

— Ah, vous ne les avez pas encore vus. Bon, il vaut mieux. Ils sont passés vers 14 h, ils avaient l'air très remontés contre vous, à cause de ce blog que vous avez écrit.

— Et où sont-ils ?

— Je sais pas, Fred sûrement à la cité avec la bande, Léa à Paris pour… pour les affaires. J'crois bien qu'elle a un petit appart dans un quartier de bourges… pour… enfin, vous savez maintenant, pour la revente.

— Vous connaissez les endroits où je pourrais les trouver ?

— Non, et la vérité, je vous conseille pas d'essayer de les voir maintenant, encore moins de monter à la cité.

— Pourquoi ?

— Ben, depuis le journal de ce midi, j'crois bien que dans la ville, ils sont nombreux, ceux qui voudraient vous mettre la main dessus, et ce n'est pas les plus cool qui sont à vos trousses.

— Je crois que je n'ai pas fini d'en entendre parler, de ce journal TV.

— Maintenant, vous êtes un peu enchaîné, Monsieur, noyé sous la vague. La pression monte. Ça devient compliqué, le truc vous a complètement échappé. Ça s'effacera plus, c'est la magie d'Internet, c'est collé à vous pour l'éternité. Un livre, on peut le brûler, les 0 et les 1, on sait même plus où ils sont planqués.

— Je sais… Mon blog, ça ne sert à rien de le supprimer, il a été dupliqué ailleurs, par petits bouts.

— Et oui, « si tu en tues un, il en reste vingt ». C'est une rime d'un groupe de rap. Ça marche aussi pour les 0 et les 1, rien ne s'effacera jamais de votre blog maintenant qu'il est connu. Faut réfléchir avant de balancer la sauce !

Stéphane s'assoit. Ce petit Kamel, avec sa tête de fouine, il a sacrément raison. Impossible de faire le mort maintenant. Il faudra assumer.

— Allez, restez pas comme ça, mangez un petit truc avec moi.

Et pendant qu'il déjeune de quelques frites, Kamel ne cesse de parler, comme pour ôter ce climat d'angoisse que dégage Stéphane. Il lui raconte qu'il vit désormais loin de la cité, à Paris, dans une chambre de bonne de 9 m2 avec un évier, un bureau, et un siège qu'il déplie pour le transformer en lit.

— Un coin à moi, rien qu'à moi. Le total kiff. Seul. Pouvoir s'isoler, c'est un putain de luxe, ajoute-t-il. Pas de cri, pas de crise, pas de prise de tête !

Stéphane regarde, étonné, ce gamin qu'il a pris pour un voyou la première fois qu'il l'a vu. Il se dit qu'il pourrait peut-être en apprendre davantage sur ses enfants, sur leur passé. Kamel lui raconte comment, petit, sa mère était trop fière parce qu'il s'isolait avec son iPod de compétition pour faire des maths. Parce qu'il n'était pas mauvais dans cette matière. Il était même doué, se vante-t-il en souriant. Ces signes, ces figures de géométrie, ces équations, ces enchaînements, ça le « branchait ». Ça le reposait des cris de ses deux petits frères, des cris du voisin sur sa meuf, des cris dans la cage d'escalier.

— Dans notre barre, tout le monde mettait à fond la télévision, comme une punition collective. Moi, pendant que mes deux petits frères mataient la télé, je m'installais sur la table de la salle à manger et je branchais mon casque audio pour taffer mes maths. D'un coup, je trouvais la paix. Je me promenais dans ce monde où il y a de l'ordre, chaque élément trouve sa place, pas comme dans la cité. J'étais bien à mesure que j'alignais les lignes. Vous comprenez ça ?

— Oui, j'ai aimé aussi ces matières qui rendent le monde plus simple…

— C'est ça, plus simple en fait, plus net, on a l'impression d'avoir prise. Et les heures passaient trop vite. Souvent, j'attaquais des exercices supplémentaires sans m'en rendre compte. Très vite, j'ai été repéré par les profs. Mais être repéré au collège, ça veut dire qu'on va en prendre plein la face. Mieux vaut être indiscipliné au minimum, violent pour monter en hiérarchie, dealer si on veut être une star. Ah, ça, j'en ai pris plein la gueule, mais j'ai tenu, grâce à votre fils, vous savez.

— Qu'est-ce que Fred a à voir avec ça ?

— Disons qu'il m'a aidé. Longtemps, il m'a protégé.

— Racontez-moi.

— On a été longtemps ensemble, à l'école. Dès l'âge de 5 ou 6 ans, on était un peu des têtes de Turc et à partir de 9 ans, c'est devenu très dur. Au début, Fred se faisait juste traiter de face de craie, il était un peu bousculé, mais ça, c'est rien ; les blacks nous traitent de sales bougnoules, nous on les traites de sales nègres, alors ça veut ne rien dire. En vérité, il se faisait emmerder parce que les autres, ils sentaient bien que lui et Léa, ils étaient des fils de geoisbour, des çaifran purs souches.

— À ce point ?

— Ben oui. Moi, on m'emmerdait à cause de ma tronche, de mes assez bons résultats scolaires et de mon physique de chien décharné. Ce n'était pas facile d'inspirer le respect. On me traitait de « face de rat », on m'appelait « la fouine », « l'insecte », « la mouche », « l'asticot ». Alors, en victimes, on s'est rapproché avec Fred. Il m'aidait en français, moi je l'aidais en maths. On faisait front et on essayait aussi de protéger Léa.

— Et qui pouvait bien lui en vouloir, à Léa ?

— Des filles, les plus méchantes du bahut, qui n'aimaient pas son visage de princesse, ses manières délicates, qui se moquaient d'elle sans arrêt, la bousculaient, essayaient parfois de la frapper. Fallait aussi se protéger de ceux qu'on appelait déjà les « Gremlins », la bande à Rachid, des petites brutes en primaire qui pouvaient transformer la vie d'un élève en enfer. Rachid, il avait déjà la réputation d'être une vraie teigne, une boule de nerf, un incontrôlable. Il avait coupé le doigt d'un élève en le plaçant dans l'embrasure d'une des portes des toilettes et en la claquant brutalement, et tous les autres enfants se racontaient l'histoire comme on raconte les légendes des ogres et des loups. Dans cette bande, ils osaient tout. Ils osent encore plus aujourd'hui.

— Ce Rachid, personne ne pouvait le calmer ?

— Il est l'aîné d'une famille de six enfants, et son père, avant d'abandonner toute sa famille, l'a frappé chaque jour depuis l'âge de 4 ans, pour « en faire un homme ». Rachid se vante qu'à 6 ans il ne sentait plus les coups et qu'à cause de ça, son père est parti, dégoûté. Rachid a pris sa place.

— Et les surveillants ? Les professeurs ? Ils ne voyaient rien ?

— Les « Gremlins » savent y faire pour se faire passer pour des petits garnements. Et puis, en vrai, dans vot' blog, quand vous écrivez que les bergers ont abandonné les moutons aux loups, c'est un peu ça. Alors les « Gremlins », ils en profitent. Ils sont pas très nombreux, mais ils ont une sacrée rage, se sentent intouchables, et très tôt.

— Alors, vous vous battiez tout le temps ?

— Mieux valait éviter, car sinon, c'était l'escalade. Les « Gremlins », ils n'ont que ça dans la vie, le rapport de force. Alors on en prenait plein la gueule, de temps en temps, une sorte de roulette russe. C'était la même chose pour tous, la loi du plus fort, la dictature de la minorité, des plus brutaux : racket, coups, humiliations, dès 7 ou 8 ans, ça démarrait, on apprenait la vie, on composait avec la peur. Des beignes, des chutes dans l'escalier, des serrages de gorge, des mains écrasées, des mini lynchages, toujours à plusieurs, ces fils de pute. Avec Fred, on en a connu.

— C'est pour ça qu'il vous manque des dents ?

Kamel éclate de rire :

— Vas-y comme vous me charriez. Mes dents j'en ai perdues à toutes les époques, je les ai semées pour me souvenir du chemin parcouru. Vous voyez le truc ? Quand j'aurais de l'oseille, j'en mettrais des toutes neuves.

— Je voulais pas vous…

— Laissez tomber...

— Mais pourquoi Fred et Léa ne nous disaient rien ?

— Gamins, on ne parle pas. La première loi ici, c'est celle du silence. Alors, c'est bien de vouloir faire des procès aux loups et aux moutons, mais un jour, il faudra bien faire celui des bergers.

— Je me demande comment on a fait avec Nathalie pour ne rien remarquer.

— Ben… c'est moi qui les ai aidés à masquer les bleus, à se couvrir les bras et les jambes.

— Mon dieu, Fred devait nous en vouloir de ne pas le protéger. Peut-être qu'il a hésité à venir tout nous raconter, à nous crier qu'il fallait les emmener loin. J'ai honte.

— Vous en faites pas, il y avait rien à faire. Vous ne pouviez pas savoir.

— Mais j'aurais dû deviner ! C'est pour ça que Fred est devenu un des leurs ?

— Disons qu'à partir de 14 ans, il en a eu marre suite à une… à une bagarre, on dira. Il a refusé de continuer à être dans le camp des moutons, et pour protéger sa sœur, il est devenu un des loups les plus féroces. Il est devenu un « Gremlins », et il s'est lié avec Rachid.

— Maintenant, c'est son ami ? Celui qui lui a pourri son enfance est son ami maintenant ? Ça n'a aucun sens !

— Au contraire, c'est ça le sens des choses ici. T'es avec ou t'es contre, tu choisis ton camp pour survivre, celui du plus fort.

— Et vous ? Pourquoi vous ne l'avez pas suivi ?

— Grâce à Fred. Il a été mon protecteur. Il m'a permis de continuer sans qu'on m'emmerde trop. Il est sympa, Fred, au fond. On ne choisit pas souvent ce qu'on devient, surtout dans la cité.

— Et ma femme ? Elle savait ?

— Oui, je lui ai raconté, il y a quelques mois.

Stéphane, bouche bée, songe à Nathalie, à ce poids qu'elle portait seule. Kamel a changé de sujet, gêné. Il explique maintenant les concours d'ingénieur qu'il veut réussir. Maintenant qu'il a connu Paris, il veut se battre pour y rester. Il s'échauffe :

— La vie à Paris, c'est trop de la balle. Quand je regarde par le vasistas de ma chambre de bonne, c'est comme la mer devant moi, l'aventure quoi, le grand large. Je voudrais que ma mère soit fière de moi.

Puis il se vante que ses professeurs croient en lui, lui prêtent des livres, veulent lui faire travailler le français à l'oral pour qu'il se débarrasse de sa manière « kaira » de parler. Son professeur de physique lui aussi est un dur, et il lui répète souvent que la prépa, c'est l'école de l'effort, la formation à l'exigence.

— Des sacrés oufs ces mecs, me font maigrir à force de me faire bosser comme un ouf ! ajoute Kamel. D'ailleurs, depuis qu'elle a à peu près compris mon histoire de concours, ma mère me gave de semoule et de chebakia. Mais elle ne veut pas trop que je rentre la voir à la cité. Elle a peur qu'il m'arrive quelque chose, qu'on me coupe l'herbe sous le pied. Alors quand votre fils m'a proposé de réviser ici, j'ai trop kiffé. C'est top de bosser avec autant de place.

— J'espère que ça va aller pour vous. Mais maintenant, il faudrait vraiment que je voie mes enfants, surtout après ce que vous m'avez dit.

— Oubliez ça ! Ils sont furax ! À cause du reportage. Franchement, ce n'est pas le moment de tenter une approche. Votre fils pourrait m'en vouloir s'il apprenait qu'on échange et que je lâche des trucs. Vous savez, si on commence à raconter que je suis une balance, ma vie va devenir un enfer. Et puis, les flics ne vont pas tarder à montrer leurs têtes de nœud, ça va nuire au business alors Rachid, il n'aimera pas ça du tout. Ça ne va pas faire les affaires de votre fils non plus. Pour être heureux, faut vivre caché… alors vous aussi, trouvez-vous une bonne planque. Laissez passer un peu de temps. Après, vous verrez…

Il a raison, songe Stéphane. Il ne reste qu'à rentrer chez soi. Nathalie ne répondra pas s'il tente de l'appeler. Il hésite à repasser à l'hôpital. Mais il n'en fait rien, se doute que ce n'est pas là la voie de la réconciliation. Il faut attendre.

23

Kamel se dirige vers la cité. Sans trop savoir pourquoi, le visage décomposé de Stéphane l'a touché. Après son départ, il n'arrivait plus à se concentrer, il songeait à Nathalie qui l'avait aidé en français. Au fond, il aime bien ce Stéphane, avec son allure de rien, le boutonneux de service, un scientifique, comme lui. Il se dit qu'il pourrait peut-être, lui aussi, réussir à avoir un boulot comme le sien. Il n'ose pourtant y croire, se voit avec terreur échouer aux concours, revenir à la cité, galérer d'intérim en intérim, se faire chambrer par les grappes de dealers en bas des blocs. Il se bat pour éviter ça. Pour Stéphane et sa famille, il a envie de donner un coup de pouce, d'essayer de convaincre Fred que ce blog, c'est pas si grave, un coup de colère, comme Fred lui-même en a si souvent.

Le voilà qui descend dans les sous-sols de la cité ; il salue quelques petits frères qui font le guet et le charrient en le traitant de « tête de fouine » – rien de grave. Le voici qui navigue dans l'obscurité de ce labyrinthe humide, une succession de caves qui abritent une seconde vie en dessous des quatre tours de la cité. Il connaît par cœur ce dédale pour s'en être servi pour se cacher quand il était gamin. Surtout, il est un des rares à connaître le QG de Rachid, un lieu auquel on accède en passant par un conduit bien masqué. Il faut lever une trappe et il se retrouve dans une sorte de blockhaus de 50 m2. C'est « l'entrepôt », comme le nomme Fred. C'est lui qui a trouvé ce lieu à 16 ans, un endroit pour « stocker la marchandise en gros », avant de la distribuer aux dealers, un endroit aussi pour planquer les couteaux, les barres de fer et même un flingue pour Rachid.

Fred et Rachid le saluent à peine. De toute évidence ils sont en pleine discussion. La tension diffuse des ombres sur le béton, et dans un coin obscur, Kamel perçoit des gémissements. Le temps que son regard s'habitue à l'obscurité, il distingue sur le sol en béton un jeune noir nu, accroché par des menottes à un tuyau d'aération, le visage boursouflé, les yeux fermés, gémissant. Sans doute un « otage » pour Rachid dans la guerre de pression avec la cité de la ville voisine. Ce corps pue un peu le cochon brûlé, un peu la merde aussi, constate Kamel, écœuré. Il sait bien que Rachid a toujours aimé ce genre de plan, il prend du plaisir à disposer du pouvoir absolu sur les autres, au-delà du business. Kamel ne l'aime pas, ne l'a jamais aimé et maintes fois il a poussé Fred à la prudence :

— Rachid, il kiffe le mal, il aime ça, le goût du sang, de la victime. Il ne fait pas tout ça que pour le business. Il prend du plaisir en voyant la terreur des autres.

Et aujourd'hui, Rachid a l'air bien remonté contre Fred. Il lui dit que « l'émission avec son daron, ça met le projecteur sur Saugny, et que ça c'est pas bon, qu'il faut que son père la ferme, que sinon lui il va lui scier la mâchoire, lui faire fermer sa sale gueule, un bon coup ». Fred répond qu'il « s'en bat les couilles de son père, qu'il s'en fout si Rachid lui défonce la tête ! Que cela ne fera juste qu'augmenter le bruit et les emmerdes ». Bref, mieux vaut faire les morts.

Rachid laisse passer un moment sans parler, puis, soudain, se retourne et balance un grand coup de pied dans le jeune à terre, qui pousse un cri et se recroqueville dans la position du fœtus.

— Tu vas arrêter de couiner comme une tasse et fermer ta sale gueule de fils de pute !

— Ça va ! Laisse-le ! intervient Fred.

— Tu veux jouer les gentils maintenant ?

— Lâche-moi !

— Tu sais que tout le monde se moque de toi dans la cité. C'est le grand déballage, ton histoire de blog. Un vrai cinoche en plein air.

— C'est bon là !

— Non, ce n'est pas bon ! Je te l'ai dit, ça rameute ces fouille-merdes de journalistes et ça, en général, ça annonce l'arrivée des flics.

Fred regarde le jeune à terre.

— Tu devrais peut-être le laisser partir. Ça fait deux jours, c'est bon, ils ont compris, ils reviendront plus.

— Vas-y, la concurrence, faut la tuer, tu dis tout le temps. Ben tu vois, il n'est pas mort, l'ordure qui a essayé de vendre chez nous. Faut savoir ce que tu veux, Fred ! C'est facile de faire le grand prince quand on ne met pas la main dans la merde !

Puis, il se tourne à nouveau vers sa victime ; le jeune a tourné la tête et l'observe, apeuré.

Il s'en approche.

— Alors Fred, on la tue, la concurrence ?

Il tire les cheveux de l'adolescent à terre, qui gémit.

— Tu vois gamin ! Faut pas jouer les kaira quand on n'est pas chez soi. Mon pote Fred, il ne veut pas de concurrence ! T'as compris ? Ici, on est chez nous, tous les habitants de la cité et de Saugny, ils baissent le regard devant nous ! T'as compris ? On a tous les pouvoirs, on dirige tout, c'est nous les boss. Même les pompiers, ils demandent notre autorisation pour intervenir si une vieille clamse. Alors, faut pas venir nous chercher des noises ! T'as pigé, tocard !

L'autre l'implore d'arrêter. Kamel détourne le regard et se dirige vers la sortie. Fred intervient à ce moment.

— Vas-y Rachid, arrête ça !

— Regarde ce rat qui pue ! J'vais lui casser toutes ces putains de dents, pour l'exemple, annonce Rachid en sortant un petit marteau de son blouson.

— Arrête !

— Mais quoi ! Sans moi, ils seraient des centaines à vendre à notre place.

— Ça va quoi ! Ne joue pas ton *Scarface* !

— Et toi, t'en penses quoi, la fouine, de cette merde d'émission ?

Kamel s'arrête, se surprend à avoir peur, comme si toutes les frayeurs de son enfance remontaient à la surface. Il sait bien qu'il n'a rien à craindre, qu'il fait partie de la « millefa » ; mais, gamin, il a pris trop de coups de Rachid, ça ne s'efface pas, cette marque du tortionnaire, on garde ça comme une cicatrice à vie, un bonus de souffrance. Il sait aussi que le sort du gamin devant lui dépend de sa réponse. Il laisse passer quelques secondes.

— Ben... euh... j'en dis qu'en même temps, il y a des mecs qui, grâce à la télé, savent maintenant qu'ils peuvent acheter du shit ici. Ça va augmenter les ventes ! Non ?

Rachid se met à rire et abaisse son bras tout en lâchant les cheveux de sa victime.

— Putain, ce bouffon, il est trop con ! Toi, t'as vraiment un grain en moins ! C'est pour ça que tu fais tes études à la noix ! Allez vas-y, casse-toi, on a des choses à voir avec Fred. Faut qu'on libère ce tocard et qu'on le dépose dans son coin de merde sans qu'il salisse mes fringues avec son putain de sang. Tu voulais nous dire un truc ?

Kamel invente qu'il en a marre de fumer le shit que les gars lui vendent à la cité, qu'il aimerait un peu de pur, celui que Fred fume, le meilleur quoi.

Quelques minutes plus tard, il marche au soleil, essoufflé, entouré des cris des gamins qui ont improvisé une partie de foot. Il ressent à nouveau la cité, dans son corps, ce mélange d'intensité, de tensions, cette incertitude permanente que ces derniers mois, plongé dans le monde rassurant des signes et des équations, il avait complètement oubliés, rejetés au fond de sa mémoire.

Il revient dans la maison de Fred, récupère ses affaires et se dirige vers la gare. Il révisera à Paris, il ne peut plus rester à Saugny, les cris du jeune noir résonnent dans sa tête. Et pour Stéphane, il n'a rien pu faire, alors il ne lui reste plus qu'à prendre le RER.

Assis dans le wagon, il porte son regard sur une vieille femme, puis sur une mère de famille qui entoure un enfant chétif de ses bras comme pour le ramener dans son ventre, et enfin, à sa droite, sur un cinquantenaire, barbu, gris et triste. Ces trois-là baissent le regard, accrochés aux moindres centimètres carrés du sol. Ils ne font aucun bruit, paraissent s'excuser d'être là, des ombres en couleur. « Ah oui, se dit Kamel, j'avais oublié ça aussi. C'est moi qui leur fait peur... »

24

Bruno l'a appelé au téléphone pour lui reprocher ce « déballage insupportable » contre ses propres enfants. Stéphane n'a pas tenté de se justifier. Il a laissé Bruno vider son sac. Puis son beau-père a conclu, calmé :

— Tu sais, ne crois pas que je ne sois pas en colère ; je me rappelle bien notre conversation à l'hôpital. Je comprends que tu aies eu envie d'écrire ce blog. Mais là, les choses allaient mieux. Et tu as tout gâché. Tu aurais dû le supprimer. Je crois que c'est pour cela que Nathalie et les enfants ne te pardonneront pas de sitôt. Il vaut mieux que tu les évites.

— Je sais, Bruno. Essaie de leur faire comprendre quand même.

— Je ne peux rien te promettre. Il ne fallait pas écrire ça, il fallait rester dans l'ombre.

— Être lâche en somme ?

La conversation s'achève froidement. Stéphane referme la porte, convaincu qu'il est lui-même son propre geôlier.

Désormais, jour après jour, la solitude de Stéphane s'étend. Sur le blog, quelques témoignages de solidarité apparaissent, mais il n'en tire aucune consolation. Il y a bien, au bureau, certains collègues qui viennent le voir en catimini ; ils le félicitent pour son blog, lui chuchotent qu'ils le comprennent, qu'eux aussi vivent des situations inextricables avec leur progéniture. Mais loin de le réchauffer, ces appels à l'aide isolent Stéphane dans une posture de référent qu'il assume mal et qui lui renvoie une image déformée de lui-même.

De surcroît, cette apparente popularité masque difficilement le pestiféré officiel qu'il devient progressivement. Dans les couloirs, on commence à l'éviter. Même la standardiste ne sourit plus à ses compliments. Elle pince légèrement les lèvres. En somme, après que sa famille l'a totalement rejeté, cette fois, c'est le corps de l'entreprise qui l'expulse à son tour. Chacune de ses cellules semble avoir peur d'être contaminée, d'être surprise à proximité, d'être fichée comme complice. Il faut pourtant qu'il résiste. Il donne le change, répond aux mails incessants de la « mante » qui semble avoir décidé qu'il sera sa prochaine victime. Il lutte. Il s'accroche à son job comme à une bouée, un camp de base. S'il le perd, tout va foutre le camp, il ne pourra jamais reconstruire quoi que ce soit.

Une semaine après le reportage de Jean-Philippe, une émission sur M6 présente le blog comme le symbole de la fracture entre générations. Avec frayeur, Stéphane découvre à nouveau sa photo et son nom s'afficher en incrustation, tandis que le commentateur lit certains passages bien choisis pour accentuer la polémique. Ça ne risque pas d'arranger les choses. Une nouvelle population débarque sur son blog, engage un bras de fer avec sa communauté, insulte ces parents qui ont osé faire part de leur détresse. On les culpabilise et les débats deviennent brutaux, des lynchages numériques, la haine à portée de clavier sous couvert d'anonymat. Stéphane redouble de colère ; chaque paragraphe de son blog lui paraît déformé, perverti et parfois dévié de son message originel. Il tente de lutter, mais la faiblesse du système réside dans l'inégale proportion des forces. Il se sent seul face au torrent de contributions, devant l'habileté de certains à détourner le sens de ce qu'il a écrit et la manière dont la masse se repaît de sa vie, de ses problèmes.

Pire, le reportage de M6 a montré Saugny investie pendant trois jours par des cars de CRS, car les autorités ont moyennement apprécié les commentaires de Jean-Philippe, sur « l'abandon de ce territoire de la République ». Kamel avait raison, le blog a déclenché l'intervention des forces de l'ordre. Stéphane imagine sans peine la rage de son fils, qui ne désire certainement pas qu'on pointe un projecteur sur son vaste hypermarché. Les choses ne vont pas s'arranger. Le jeune Kamel lui a d'ailleurs laissé un message pour l'alerter, lui dire de se méfier, d'éviter de sortir le soir. « Il y en a à Saugny qui vous donnerait bien une correction », a-t-il conclu avant de lui souhaiter bonne chance.

À nouveau, Stéphane hésite à supprimer son blog. Au dernier moment, il y renonce ; ce serait renier son acte de révolte, renier son âme. Et puis, se dit-il, perdu pour perdu, de toute façon, autant assumer. Au cours des deux semaines qui suivent, d'autres médias prennent le relais. On interroge à tout va, sommairement, sans pouvoir en tirer grand-chose. Chaque jour, les propositions se succèdent sur la messagerie de Stéphane. Des assistants de production s'acharnent, sans aucun retour de sa part. Untel monte un sujet sur le « gang des barbares », et lui propose de témoigner en tant que père d'un dealer. Un autre le harcèle pour qu'il passe dans son émission, avec la présence conjointe d'un footballeur mondialement connu, d'une actrice de cinéma en vogue et d'un chanteur, lesquels ont de sérieuses convictions sur les sujets de l'éducation. Le casting promet une audience explosive.

D'autres journalistes de la presse écrite et de la radio essayent de le joindre. Stéphane ne s'est jamais exprimé et cela excite les convoitises. Skyrock évoque une émission contradictoire en *prime time* avec les auditeurs, et TF1 propose une réconciliation de toute la famille à Saugny en truffant la maison de caméras. Certains vont même jusqu'à lui proposer de l'argent. Ces gens aussi, se dit Stéphane, ils « osent tout ». Depuis plusieurs décennies, les médias forgent l'idée que l'on se fait du monde.

Stéphane n'aspirait qu'à la paix et à se faire pardonner de Nathalie et de ses enfants. Ils étaient redevenus si proches et il a tout gâché, tout perdu. À cause de son cri, il endosse le destin d'un fugitif. Il a régulièrement l'impression qu'on le suit, qu'il est pisté. Il se sent épié. Du bureau à son domicile, il vérifie si cette Clio bleue ou cette Lancia noire ne sont pas à ses trousses, il modifie son parcours, s'invente des ennemis imaginaires.

Stéphane communique aussi avec Basil pour avoir des nouvelles de l'hôpital et s'assurer que Nathalie n'est pas sujette à des pressions. À part un journaliste éconduit, il semble que l'attention se soit portée en priorité sur l'auteur du blog et non sur son entourage. C'est déjà ça, si je peux servir de paratonnerre, se console Stéphane. Jean-Philippe ne désarme pas de le faire venir sur un talk-show, insiste, met un point d'honneur à le rassurer, lui parle « en ami ». Il l'appelle tous les jours, tente de le convaincre, lui répète que lui, Jean-Philippe, veut se racheter, qu'il lui offrira une vraie tribune pour s'expliquer, qu'il s'en veut de son reportage, qu'il comprend les « désagréments » qu'il a provoqués. Il lui répète souvent :

Un loup qui mord un homme, ce n'est pas de la grande info. Un homme qui mord un loup, c'est mieux. Et un homme qui mord un homme, ça, c'est de l'info, coco !

Il lui laisse aussi des blagues sur son répondeur. Peu à peu, sa voix devient familière à Stéphane.

25

Il ne faut pas un mois après le reportage de TF1 pour que Stéphane reçoive sa lettre d'entretien préalable au licenciement. Cet entretien, la « mante », fidèle à son dogme de l'efficacité, l'expédie en 10 minutes ; 10 minutes pour engloutir vingt ans de sa vie – elle n'est pas le genre de femme à chercher à cacher son appétit. Elle pose le bras sur le dossier à sa gauche, bien épais, comme pour en toiser la puissance. Il y a, entre autres pièces à conviction, le relevé de ses connexions sur son blog durant les heures de bureau. Son « usage répétitif et intense des moyens de l'entreprise à des fins personnelles et privées » s'avère indéniable, auquel s'ajoutent ses nombreuses et indiscutables absences, de véritables « abandons de poste », et sa réticence à l'application des processus. En somme, les preuves ne manquent pas pour l'exécution sociale. Compte tenu de son ancienneté, la « mante » lui propose six mois de salaire. Stéphane est groggy. Elle lui indique aussi que sa notoriété récente nuit à la réputation de GIS, ce qui est là encore « préjudiciable ». Ce dernier mot claque dans sa bouche comme l'argument décisif indiquant qu'il faut qu'il accepte l'accord. Les papiers sont disposés devant lui, l'acte d'abdication contre un chèque qui l'attend au service comptabilité. On lui laisse le temps de récupérer ses affaires et le droit de conserver son ordinateur portable, puisque, ajoute-t-elle avec un sourire ironique qui clôt la conversation :

— Le contenu de ce portable vous ressemble sans doute : il n'est pas assez professionnel. *There is no free lunch*, comme disent les Américains.

La journée de son licenciement lui file entre les doigts. Elle lui paraît courte, irréelle, inconsistante aussi. Il trouve à peine le temps de saluer ses anciens collègues. Il donne l'impression d'être déboussolé. On l'observe à la dérobée, on chuchote derrière lui, il est le bouc émissaire du jour.

Le lendemain, chez lui, en se réveillant vers 11 h du matin tandis qu'aucun client, aucun collègue ne l'attend, Stéphane se dit que cette fois, il est bel et bien totalement seul. Et il se dit qu'au fond, il l'a toujours été, et que sa situation actuelle couvait depuis longtemps. Il n'a que ce qu'il mérite. Il constate que son mail professionnel a déjà été supprimé. Reste son mail personnel, qui n'a jamais beaucoup servi, du moins avant le blog.

Avachi dans son canapé, il songe à sa vie qui donne l'impression de s'achever prématurément ; tous ces sacrifices pour rien, aucune reconnaissance sociale, une famille de paille. Ses enfants ont été victimes de la délinquance, mais au fond lui aussi. Les voyous du capitalisme pratiquent une forme de brutalité plus hypocrite que celle de la banlieue, mais elle touche des millions de citoyens, allant jusqu'à en pousser certains au suicide, et en transformant les autres en larves. Tout comme dans les milieux de la drogue, plus les mantes grimpent, plus elles se confrontent à d'autres de leur espèce. Leurs visages trahissent les effets pourrissants du pouvoir illégitime. Elles suivent ce chemin par ambition, par manque de résistance, car au fond, rien n'est plus facile que d'aller dans le sens de son époque, et parfois par une envie inconsciente de se perdre dans le flot rassurant de la compétition sociale. Il faut une grave maladie, la mort d'un proche, quelques enterrements pour que ceux qui osent tout, parfois soient saisis d'effroi devant leur miroir…

Stéphane songe avec une ironie triste qu'il pourrait créer un second blog, le « blog de l'employé en colère ». Mais pour l'heure, le vaincu, c'est moi, conclut-il.

26

Une semaine plus tard, alors qu'il s'apprête à rentrer chez lui après quelques courses, trois individus sortent d'une BMW, stationnée en double file, le poussent violemment dans l'entrée, et, d'une balayette, l'étendent à terre. Pour Stéphane, c'est une fraction de seconde, un cauchemar instantané dans lequel on se met à le frapper. Combien de temps cela dure-t-il ? Il ne sait pas, un instant et une éternité à la fois : un instant pour basculer du calme à la brutalité féroce, une éternité dès les premiers coups, dans les côtes et sur le visage, avec des douleurs intenses, une sensation de brûlure insupportable, et le sentiment terrible d'être si vulnérable, totalement dépendant de ces brutes. Il sent la frayeur dans sa chair, la terreur dans son esprit, ce plaisir qu'ils éprouvent à jouir du pouvoir de l'arbitraire. Il jette un hurlement de survie, car il croit entendre ses os craquer sous leurs coups. Eux lui crient qu'ils vont le finir, l'achever, qu'il va mourir comme un chien. L'histoire tout entière des barbaries humaines défile en lui, les femmes battues, les enfants frappés, les innocents torturés, il comprend tout. Il vient d'entrer dans la vaste et silencieuse famille des victimes. Celle dont on parle abstraitement, celle qu'on évite, par superstition, par peur de la main noire, de la contagion, peur de la tristesse, du désenchantement. Après tout, ces trois-là, ils ont sûrement une bonne raison de le taper, sans doute le blog, car oui, sans blog, pas de lynchage. Et sans abus, pas de victime pour témoigner et se plaindre, or la société tout en fuyant les victimes concrètes adore les déguster à la télé bien au chaud.

La porte de l'immeuble est restée entrouverte et un jeune photographe à l'allure de colosse en embuscade surprend tout le monde en mitraillant la scène : les trois brutes s'échappent, capuche relevée pour masquer leur visage, non sans lui balancer une droite au passage, et tenter de lui arracher son appareil, en vain.

Stéphane fuit sans se retourner et grimpe quatre à quatre les escaliers, malgré l'intense douleur qu'il fait taire tant que le verrou de son appartement n'est pas fermé à double tour. Recroquevillé sur son canapé, il éclate en pleurs de douleur et d'humiliation. Rien n'est pire que d'avoir été à la merci de ces brutes, de ces êtres déchargés de toute humanité, de ce mal, à l'état originel, rencontré pour la première fois. En un instant, il comprend que le calvaire n'est pas fini, que ce qui naît pour toutes les victimes, c'est cette peur, la seconde peine vécue en secret, tapie dans l'ombre, compagne à vie, cette certitude que rien ne pourra être comme avant. Car il vient de vivre l'expérience ultime, celle de la bonne foi qui perd contre la brutalité, dans sa chair et non plus comme une simple idée pour conversations de salon. Après quelques minutes, travaillé par la douleur qui monte, il se demande qui il peut appeler. Il ne trouve que Jean-Philippe qui, trop heureux de l'aubaine, sonne une heure plus tard à sa porte, accompagné d'un médecin.

Pas de fractures apparentes, même s'il lui faudra passer une radio, lui annonce celui-ci ; des bleus, des plaies au cuir chevelu, des ecchymoses, il s'en est fallu de quelques minutes pour qu'ils le « finissent » tout de même.

— Vous êtes si maigre, c'est un miracle qu'ils ne vous aient pas éclaté le foie ou la rate. Demain, faites des examens poussés, lui conseille le médecin.

— Je te jure, Stéphane, t'as plus le choix, faut que tu témoignes ! On t'en veut ! On te traque ! Tu es une vraie victime du système ! Intervient Jean-Philippe, qui fait les 100 pas dans l'appartement en pianotant sur son téléphone.

Le médecin regarde Stéphane :

— Vous vous êtes fait de sérieux ennemis avec votre blog, j'ai l'impression.

— Pour tout vous dire, j'ai un peu tout perdu dans cette histoire. Même mon job.

— Quoi ?! Tu t'es fait virer en plus ! Quelle bande de salauds ! On ne va pas les laisser faire, crois-moi, je vais t'aider. Tu vas récupérer ton boulot, s'excite Jean-Philippe.

— C'est trop tard et je ne veux plus les revoir. Je n'aurais jamais dû ouvrir ce blog.

— Il fallait bien qu'un seul parle, brise le silence, répond le médecin. La misère est partout, la misère affective, l'impossibilité de nouer des contacts, on ne se comprend plus. Je peux vous le dire, aux urgences, on voit des choses… Moi-même, je suis fâché avec mon fils depuis des années. Il voulait mon héritage avant ma mort !

— Dis-moi, Stéphane, je peux prendre deux ou trois photos de toi ? tente alors Jean-Philippe.

— Mais enfin, laissez-le tranquille ! s'indigne le médecin.

— Il faut bien que le public sache, qu'il s'en rende compte.

— Le public, psst. Je ne suis pas sûr que les gens aient encore envie de se comprendre. Maintenant, chacun trace sa route, chacun sa gueule, comme ils disent. Et ce n'est pas vos émissions qui arrangeront les choses, lui répond le médecin en tendant une ordonnance.

Stéphane observe cet homme bedonnant au visage amical, orné d'une barbe grise. Il paraît épuisé, mais conserve dans le regard une bienveillance gratuite, immédiate. C'est ça qui a disparu, songe Stéphane en le regardant partir, pendant que Jean-Philippe mitraille la scène avec son appareil.

Quelques minutes plus tard, le journaliste commande des sushis par téléphone, aide Stéphane à s'installer dans le canapé, allume la télévision, lui pose un coussin derrière la nuque puis compose un numéro de téléphone. Dix minutes plus tard, il est parti.

Le lendemain, quelques photos sortent sur le site du *Parisien*, avec pour titre :

« Stéphane, le père en colère, agressé ! »

On évoque les probables représailles de contributeurs furieux, on rappelle que le monde d'Internet permet à chacun de se lâcher, mais que cette liberté virtuelle de ton peut aussi finir par déchaîner une violence toute réelle. En somme, on « exploite » l'événement. Le soir même, Jean-Philippe, frappe de nouveau à la porte. Vêtu de son éternel pull en V, il respire rapidement, semble au bord de l'infarctus ou de la crise d'épilepsie, le tout en souriant en permanence. Il se vante d'avoir obtenu un créneau en *prime time* pour le mois prochain, une émission spéciale sur l'éducation. Il y aura plein d'invités, dont Stéphane, qui pourra s'expliquer devant le monde entier pendant 10 bonnes minutes. Il a déjà mille idées de reportages pour nourrir l'émission, et des séquences émotion toutes les dix minutes, comme il se doit. Stéphane ne répond rien, esquivant, reportant sa décision. Il préférerait disparaître pour qu'on l'oublie, pour qu'il retrouve une vie normale.

— Mais Stéphane, c'est trop tard, ta vie ne pourra plus jamais être normale, surtout si tu ne dis rien au public. Tu dois aller au bout, lui dit Jean-Philippe, dans l'embrasure de la porte. Ensuite tu pourras te reposer. Ces voyous n'oseront pas te toucher si tu deviens un personnage public.

Le soir même, comme pour lui donner raison, un cocktail Molotov s'écrase sur sa fenêtre. Terré dans son appartement, Stéphane ne veut plus bouger et se fait livrer le nécessaire. Les menaces se font encore plus pressantes. Des cris dans la nuit, des bandes qui passent devant son immeuble en hurlant et quelques autres cocktails sur sa façade ont imposé des rondes régulières de policiers.

Stéphane est terrorisé. De Bruno, Nathalie et les enfants, aucune nouvelle. Ce n'est pas l'heure du pardon. Il finit par se dire que son agression, il l'a finalement méritée. La culpabilité constitue une peine supplémentaire dont il se charge sans trop comprendre pourquoi. Il n'a que ce qu'il mérite. Il paye son péché d'orgueil. Il croyait savoir, il ne savait pas.

27

Elle enrage en serrant le journal dans sa main droite. C'est lui, s'énerve-t-elle, c'est lui ! Elle cherche activement Fred depuis deux bonnes heures, interrogeant en bas des quatre barres. Mais personne ne sait. Elle croise Zouk. C'est le plus malin, le petit Zouk, et il la rencarde :

— Avec tous ces p... de keufs qui rôdent, ils changent tout le temps de lieu. J'crois qu'ils sont chez la vieille du C, au 25e, celle qu'a un grand appart. Ça fait trop de la place pour une seule vieille en train de crever ! Autant qu'elle partage !

Et il éclate de rire. Léa le regarde sans broncher, se demande comment Rachid a fait pour embarquer un gamin comme ça dans les troupes de bases des « Gremlins ». Il ne doit même pas avoir 10 ans. Il faut dire qu'il en fait 14, et sa mère, qui élève seule ses quatre autres gosses, est bien contente des 2 000 à 3 000 euros qu'il ramène par mois. Léa la connaît, la mère de Zouk, elle se souvient qu'à une époque, il y a au moins dix ans, elle faisait partie des femmes qui faisaient bouger la cité, avec sa mère Nathalie. Et puis, son mec s'est fait jeter de l'usine, il a commencé à boire, puis à coucher ici et là. Un jour, il est rentré à la maison avec un bébé de cinq jours, sans dire d'où il venait. Elle, elle a accepté le bébé, elle l'a appelé Zouk ; elle n'allait pas le mettre à la poubelle. Selon son mari, la fille qu'il avait engrossée était rentrée au pays, on ne la retrouverait jamais, elle était mineure. Sa famille l'avait sans doute mariée de force, par punition, par honte, il ne s'était pas trop attardé à en savoir plus.

La mère adoptive de Zouk avait encaissé tout ça, puis ce sont les coups qu'elle avait dûs encaisser. Tous des porcs, songe Léa en se rappelant ce jour où l'aîné avait tué son père d'un coup de machette devant toute sa famille. Il avait libéré sa mère en se faisant coffrer pour dix ans. C'est sûr, Zouk était entré très tôt dans le monde des adultes. Léa se dirige vers le bâtiment C.

En bas de l'immeuble, on la salue, on lui propose un joint, on l'aime bien. Elle sait que tout ça, elle le doit à son frère, mais que ça peut vite changer. On est vite rayé des listes ici. Elle frappe chez celle qu'on appelle « la vieille », la doyenne de la cité, celle qui n'a jamais voulu bouger, depuis cinquante ans, une ancienne infirmière, une des dernières vraies « çaifrans », comme on dit dans la cité. On lui fout la paix, car quand les médecins veulent plus monter, c'est elle qu'on appelle, des fois qu'elle saurait quoi faire. Depuis une semaine, Rachid a réquisitionné une partie de son appartement, gentiment, mais fermement. Elle connaît la chanson, ce n'est pas la première fois, elle n'est pas la première à servir de « nourrice ».

— Tiens, ma petite Léa… comment ça va ? Tu viens voir ton frère ?

Elle a vieilli, songe Léa, elle n'a plus que la peau sur les os. Mais elle semble heureuse de toute cette agitation, ça rompt sa solitude, ça met du piquant, ça l'occupe, elle qui n'a jamais pu avoir d'enfants, au point que son ex-mari l'a quittée pour une femme du bâtiment B.

— Tu veux un café ? J'en ai fait pour les jeunes. Ils sont très gentils, mais qu'est-ce qu'ils parlent fort, et pourtant je suis à moitié sourde. Le pire, c'est que j'comprends rien à leur jargon. Parlent plus français les jeunes, maintenant. Et la nuit, ils font vraiment beaucoup de bruit. Ils rigolent. Bon, c'est la jeunesse, c'est comme ça, ça va leur passer. Moi j'rigole plus trop, avec tous ces médicaments que je prends, mes jambes qui flageolent, et le reste qui se décroche de partout, mes dents par exemple. Enfin, ça fait des misères à gérer tout ça. Allez, j'vais pas t'embêter avec mes malheurs, vas-y ma petite, ils sont dans la seconde partie de l'appartement.

Léa se dirige vers la pièce du fond, enfumée, et en poussant la porte découvre Fred, seul, qui coupe de la coke et la place dans des sachets.

— Putain, avec toute cette merde, j'me retrouve à faire le boulot de crevard…

Elle ne dit rien, serre le journal dans sa main droite. Il relève la tête.

— Qu'est-ce qui se passe, Léa, tu es pâle comme un cacheton !

Elle lui tend le journal :

— C'est toi, ça ?! C'est toi et ce fils de pute de Rachid???!!!

Fred le saisit, l'ouvre, le feuillette.

— Qu'est-ce qu'ils lui ont mis ! La vache, il doit dérouiller.

— Je sais tout ça, Fred, mais la question, c'est de savoir qui a fait ça !

Fred laisse tomber le journal à terre et se remet à travailler.

— Alors ?

— Alors, quoi ? Qu'est-ce que tu crois ? Que Rachid va me le dire ? Il serait trop content que je lui demande si c'est lui.

— C'est lui ?

— J'en sais rien moi !

— Ben essaye de savoir…

— Pourquoi ? Pour mettre une claque à Rachid ? Mais, Léa, tu ne vois pas ce qui se passe ? C'est chaud ici ! Toi, tu kiffes Paris, toute cette bande de fiottes d'étudiants qui se prennent pour des dealers, et tu vois pas ce qui se passe ici ?

— Il a décidé de finir papa ? Au couteau ? C'est ça ? Et puis après, ce sera notre tour ? Tout ça à cause d'une descente de flics et de quelques journalistes de merde. Putain, mais vous n'avez aucun sang-froid, les mecs !

— Ben peut-être pas. En attendant, j'crois bien que Rachid attend qu'un faux pas pour me faire la peau… Pour Papa, je sais pas, mais putain, il devait le savoir qu'il aurait des problèmes !

— Maman, elle veut plus trop lui parler, mais ce matin, elle m'a demandé quelque chose.

— Tu lui as parlé ?

— C'est elle qui m'a montré l'article. Tu crois que j'ai le temps de lire les journaux ?

— Et elle était… comment ?

— Mal. Elle me disait qu'il ne méritait pas ça… qu'on devrait peut-être le protéger, le prévenir.

— Ben, il est prévenu maintenant…

Un brouhaha dans le couloir annonce l'arrivée d'un groupe. Rachid et trois gars débarquent en se marrant, bouteilles de whisky à la main.

— Hooo… toute la millefa réunie ! La sœur et le frère. Ça va la belle ? Tu veux qu'on passe dans la chambre à côté ?

Fred se lève, blasé.

— Allez, les gros relou…

Léa réagit :

— Laisse Rachid faire le beau. Dix ans que je ne l'ai pas vu avec une gonzesse sans qu'il doive payer pour l'enfourcher !

Elle est tout sourire, détendue, et tout le monde éclate de rire.

— Ta sœur, elle est trop dure, du béton armé, la vérité, rigole Rachid.

Fred regarde sa sœur qui maintenant fait la bise à tout le monde avant de déclarer qu'elle doit y aller, pour une livraison à l'université Dauphine. Elle a revêtu son costume, songe-t-il, ce costume qu'elle porte depuis des années, une allure « à la cool », tandis que lui sait qu'à l'intérieur, elle n'est plus qu'un esprit qui calcule, froidement, sans émotion, qui dissimule. Et qui a peur.

Il la voit disparaître, se fait une ligne de coke et entre sur scène à son tour, pour donner le change.

Quelques minutes plus tard, Léa prend son portable, cherche « papa », écrit un SMS, hésite puis renonce.

28

Le temps passe et pour la première fois de sa vie, Stéphane s'installe dans l'inactivité. Contrairement à ce qu'il a toujours imaginé, il n'a nullement l'impression de disposer de temps. Les journées lui filent entre les doigts : un café, un journal, un peu de surf sur Internet pour suivre les bruits décroissants autour du blog, quelques lectures en ligne et après le déjeuner, il s'allonge, pour passer le temps, devant la télé. Il zone devant les soixante-dix chaînes du câble, passant de l'une à l'autre, sans logique, affalé. Pourtant, il sursaute au moindre bruit dans le couloir, toujours sur le qui-vive. Le soir, il se fait livrer pizzas ou sushis. Il ne reste que Jean-Philippe pour le joindre, avec un enthousiasme indécrottable, convaincu qu'il va céder, accepter de participer à son émission pour témoigner de « sa vérité ». Il l'appelle plusieurs fois par jour, à n'importe quelle heure, tandis qu'il s'achète un costume, sort des toilettes, attend chez le coiffeur, ou encore à deux minutes avant d'entrer sur le plateau d'un direct de télévision. En somme, il lui fait partager sa vie.

Il continue aussi à lui laisser une blague par jour sur son répondeur.

En dépit de ce soutien tout relatif, Stéphane se sent à bout de forces. Seule compterait la reconquête de son amitié avec Nathalie et, si possible, à terme, un éclaircissement dans ses relations avec ses enfants. Impossible, se répète-t-il.

La nuit venue, il se voit en rêve, nu au fond d'une vallée froide, stérile et déserte, tandis que de chaque côté, sur les hauteurs, des troupes agitées grossissent, s'invectivent à distance, et de temps en temps, trouvent comme unique sujet de concorde le droit de l'humilier ou pire, celui de lui offrir leur pitié. Lui tremble, affaibli, affamé. Il observe au loin, à la lisière d'une forêt sombre, deux silhouettes qui émettent vers lui des ondes de mépris. Elles ont honte de leur sang. Elles le méprisent. Puis elles disparaissent. Il ne lui reste plus qu'à porter son regard vers le ciel et à y distinguer le visage de Nathalie pour respirer un peu. Mais voici que cet horizon se voile, lui aussi. Bientôt, l'obscurité est totale, et il n'est plus qu'un homme abandonné au centre d'un désert hostile. Est-ce d'ailleurs un rêve ou son imagination somnambule qui travaille ?

Stéphane ne sait plus comment se battre. Ne rien faire est assez simple. Pourtant, il n'en profite pas. Sans travail, il a le sentiment d'être un fantôme. Deux semaines après son agression, Bruno sonne et patiente derrière la porte cinq minutes avant que Stéphane ne finisse par lui ouvrir. Il est raide, tendu et jette sur Stéphane un regard déterminé, un regard sévère, de patriarche. Il se place au centre du séjour, de toute évidence pressé d'en venir au fait :

— Bonjour Stéphane. Écoute, je ne vais pas tourner autour du pot. Depuis notre dernière conversation au téléphone, les choses se sont clarifiées. Nathalie est sortie de l'hôpital et vit désormais chez moi. J'ai récupéré ma petite fille et je vais m'en occuper. Elle sera bien. Je voulais que tu le saches. Je voulais aussi te dire qu'il ne faut pas espérer la voir. Quant à tes enfants, tu imagines bien la situation. Ils sont à Saugny et ne veulent pas de toi, pour l'instant en tout cas. Je suis désolé, c'est mieux comme ça.

Il attend quelques secondes et poursuit :

— Au fond, j'ai bien réfléchi, ton petit texte n'avait rien de vraiment important, c'est ce foutu reportage qui a créé le drame. Ça a ouvert les vannes et tous s'y sont engouffrés, c'est tout. Quelle connerie tout ça, ces gens qui alignent des platitudes, dignes de discussions du café du commerce. Tous ces beaufs ! Maintenant, chacun y va de son avis, on parle, on parle, et on mêle notre famille à ça. Enfin, ça va se calmer, ça se calme déjà. Je sais bien qu'on était tous sous le choc après l'accident…

— C'est tout ? Tu n'avais pas besoin de venir pour me dire ça. Je le sais déjà, tu peux me croire. Moi, je veux simplement revoir Nathalie.

— Stéphane, je suis désolé, ce n'est pas possible. Ce n'est plus possible. Il faut te faire oublier. C'est le mieux pour l'instant.

Le visage de Stéphane se décompose. Bruno fait un pas en arrière, se tourne, lâche un « au revoir » et quitte l'appartement. Stéphane se regarde dans la glace, barbu, sale, amaigri, inquiétant. Il se renifle et constate qu'il sent mauvais. Il est 15 h 30. Il allume la télévision. Puis il l'éteint quelques minutes plus tard et se lève d'un bond en criant de douleur. Et quoi ? Il faudrait abdiquer ? Non, cette fois-ci, il ne veut plus être le dindon de la farce. Rien n'est pire que ce silence, cet état larvaire. Il doit renouer le contact, se trouver un lien pour atteindre sa famille, un allié. Un nom lui vient immédiatement à l'esprit. C'est presque risible, mais tout son destin est risible ces derniers temps. Il comprend qu'il doit le retrouver, lui parler, le convaincre de l'aider, coûte que coûte.

29

Stéphane a le pas hésitant en remontant l'allée. Évidemment, Kamel n'est plus dans sa maison, une maison vide, sinistre, abandonnée. Rien n'a bougé depuis sa dernière visite. Il faut aller le débusquer dans la cité. Stéphane n'a que cette piste, même si elle ne paraît pas raisonnable. Tout à ses pensées, il poursuit sa marche et longe la station de bus déserte, taguée partout sauf sur les deux vitres défoncées. Il y a des années que les transports publics ne passent que sporadiquement, à force de caillassages imprévisibles et d'agressions gratuites. Même les pompiers hésitent à intervenir de peur de recevoir des boulons lancés depuis les toits et parfois même des téléviseurs. Les éboueurs eux aussi espacent leurs tournées, de toute évidence, si l'on en juge par les montagnes de détritus qui s'accumulent ici et là. Stéphane dépasse les deux complexes éducatifs entourés de grillages, entend, presque étonné, une multitude de rires d'enfants, un brouhaha de vie dans cet univers oppressant. Il fait beau et chaud, il transpire, respire avec peine l'air dense et chargé. Il n'est qu'à une centaine de mètres de la cité et il perçoit au loin des bruits de motos, des gens qui s'apostrophent. Difficile de dire s'ils se provoquent ou s'ils s'amusent. Sans doute ne le savent-ils pas eux-mêmes.

Cette fois, le dernier virage s'ouvre sur le paysage lunaire de la cité aux murs noircis, une sorte de porte-avions en béton, coincé de chaque côté par deux terrains vagues et échoué, à l'arrière, contre la terre grasse d'un champ labouré qui s'étend à l'horizon. La crasse mise à nue par les rayons du soleil se décline le long des murs en traînées verticales et en larges bandes horizontales semblables à des traces de freinage sur le bitume. Des draps et du vieux linge usé pendent des fenêtres ouvertes et sèchent au gré du vent. Des vélos d'enfants, des récipients en plastique, des balais encombrent quelques étroits balcons emprisonnés par de solides barreaux métalliques. Les centaines de paraboles ajoutent à cette impression de navire militaire abandonné. S'élevant sur une bonne quarantaine d'étages, les quatre tours reliées par une dalle centrale en béton paraissent vouloir s'enfoncer dans le sol. Leur densité inquiète, ajoute à l'air lourd un pesant sentiment de dérive, de catastrophe en devenir, d'instabilité permanente. C'est bien là un porte-avions en béton, délaissé, pris en otage par la misère et son cortège de vices, abandonné dans un cimetière de destins entouré de néant. Ce porte-avions ne porte rien et n'est porté par rien. Car d'ici plus rien ne s'envole, plus rien n'est aérien, plus rien ne cherche à accrocher le firmament. Ici aucune vague d'espoir, que du vague-à-l'âme, aucune mer d'où partir à la conquête de nouveaux territoires, à la découverte d'une île utopique. Tout s'effondre, suinte vers le bas comme une sève purulente. Ici, le mal de vivre ne se devine pas : il se lit à livre ouvert sur cette matière sans espoir qu'on nomme béton et dont Stéphane se demande, effaré, comment des architectes de renom, dans les années 40 et 50, ont pu vanter les mérites.

Il devine une agitation, quelques capuches à une trentaine de mètres en bas de la tour la plus proche. Ils ont l'air nombreux et il mesure le danger à pénétrer leur territoire. Un scooter démarre bruyamment et se dirige vers lui ; un éclaireur sans doute. L'enfant le fixe avec défi. Probablement un « chouf », un guetteur qui alerte les autres dès l'arrivée de la police ou d'un client. Ce petit gagne déjà 100 euros par jour, songe Stéphane ; d'après ce qu'il sait, le vendeur qui l'emploie prend 4 000 à 8 000 euros par jour. Voilà pourquoi Fred a rapidement acquis son indépendance financière. Compliqué de lui faire du chantage à l'argent de poche. Il se rappelle ses relevés scolaires où, pour ne pas froisser Nathalie, ses collègues professeurs indiquaient que Fred était un « élève doué, mais somnolent ». Nathalie avait mis ça sur le compte des jeux vidéo.

L'enfant l'apostrophe et lui propose de la « beu ». Stéphane sursaute. Il n'arrive pas à faire le lien entre ce visage doux, la candeur de ces traits et cette voix agressive. Il lui répond qu'il ne cherche pas à acheter du shit, mais qu'il est un ami de Nathalie, l'ancien professeur de français du collège. L'enfant fronce les sourcils ; quelques ombres massives émergent du hall et s'approchent, menaçantes. Stéphane réagit :

— Nathalie, la prof de français, celle qui faisait du soutien scolaire dans la cité, il y a quelques années. Ici, tout le monde l'a connue !

Le gamin hésite, pas convaincu ; il semble basculer d'un scénario qui enverra Stéphane en réanimation à un autre, où il le fera déguerpir avec une belle peur au ventre. Il faut réagir, vite, très vite. Mais Stéphane refuse d'évoquer le nom de son fils. Il tremble au souvenir de son agression, dans ce hall où des hommes l'ont jeté au sol et battu. Il lui faut trouver un nouvel angle d'attaque. L'intuition jaillit :

— Mon amie, Nathalie, elle habite à côté, rue de la Mairie, en bas de la route du Lycée, la maison rouge, en briques, la grande, avec le garage en bois.

Il a touché juste. Il n'est déjà plus un étranger, ni un ennemi potentiel, et même s'il ne fait pas pour autant partie de la famille, il est du « coin ».

Stéphane ose expliquer qu'il cherche Kamel, celui qui fait des études de mathématiques à Paris, pour l'aider, lui donner des bouquins.

Cette fois, l'enfant rit à pleines dents.

— Tu parles du bouffon de Kamel, cte face de rat ? Sa mère et ses deux tocards de frères crèchent au A, au 201 j'crois. Si on t'parle, tu dis que Zouk est O.K. Zouk c'est moi, transmets, rends-toi utile, le cécoin !

Et il rigole encore plus. Stéphane n'a même pas le temps de répondre que le gamin est déjà parti. La tension chute. Il est trempé et ses mains tremblent. Il a pourtant un peu l'habitude de ces rapports de force, mais là, il est en terrain inconnu. Tout peut basculer si vite, il le sent intuitivement. Maintenant, il s'approche de la tour A.

De l'entrée émane une puanteur hostile. Partout sur les murs, des graffitis ; sur le sol, des bouteilles cassées ; et pourtant, à quelques pas, des enfants jouent avec des pelles et des seaux sur la terre battue, des mères discutent devant une porte, l'une d'elles fait goûter des gâteaux du bled à un groupe de voisins et certains s'apostrophent en riant d'une fenêtre à l'autre. Il y a là, à cet instant, une chaleur humaine étonnante et improbable, une force de vie qui défie le destin et la misère. Stéphane devine qu'à deux pas de la rage, ces centaines de mères luttent, chaque jour, pour survivre, pour conserver leur dignité et essayer d'éviter que leurs enfants ne basculent dans le business. Elles sont en première ligne, victimes de ce laxisme permanent envers la petite minorité agissante qui tient le pouvoir d'une main de fer. Stéphane gravit les marches, se gardant bien de tout regard appuyé. « Tous » savent qu'il ne dispose que d'un permis de passage précaire, révocable à tout instant. Il s'agit de se faire transparent, une ombre respectueuse, silencieuse. À l'étage, devant la porte 201, il frappe, et un jeune en bleu de travail lui ouvre.

Stéphane se présente et explique qu'il cherche à joindre Kamel, qu'il a des livres pour lui, pour l'aider dans sa préparation aux concours. Le petit frère hésite. On ne donne pas une adresse comme ça ici. Il possède le même regard que Zouk, un regard qui a appris à jauger, une sorte de kit de survie, le genre de capacité qu'on développe en temps de guerre.

— Laisse tes bouquins devant la porte, je lui donnerai.

À l'arrière, dans le couloir, Stéphane devine l'ombre du second frère en embuscade, prêt à intervenir, et la mère au loin, discrète. La tension grimpe à nouveau.

— Vous savez, Nathalie, ma femme, a donné des cours de soutien à Kamel ! On habitait tout en bas de l'allée, avant le rond-point, la maison rouge.

Le jeune homme fronce les sourcils puis lâche :

— Waouh, vous êtes le daron de Fred ! Vous êtes le mec de la télé ! J'ai vu votre tronche sur M6 ! Vous êtes un malade de venir ici ! Y en a plein qui vous péteraient bien la tronche !

Puis soudain, la voix de la mère lui parle en arabe, apaisante. Cette fois, il sourit franchement. Il lui raconte qu'il est électricien ; il a fait un BEP, poussé par Kamel qui lui a donné un sérieux coup de main pour la partie théorique. Depuis un an, il cherche un job dans la région, en vain.

— Avec ma tronche et avec l'adresse de la cité d'ici, pas moyen de trouver. Ils ont tous peur que je leur carotte le matos ou la tune, ou bien que je fasse des problèmes. On a la sale réput, c'est sûr. Alors, j'ai mis l'adresse de Kamel à Paris sur mon CV. Au moins, maintenant, je reçois des réponses. On me dit qu'on garde mon CV, qu'on appellera. J'ai même trois semaines de taf assurées en août à cause des vacances des autres ouvriers.

Puis, il tend à Stéphane un papier avec l'adresse de Kamel et ajoute :

— Avec cette histoire de télé qui a rameuté du monde dans le secteur, faut pas trop que vous traîniez. Les keufs sont venus ralentir le business, votre fils ne s'est pas fait que des amis par ricochet, ça lui a mis pas mal de pression... Allez, au revoir.

Il ferme la porte. Il ne dira rien de plus. Quinze minutes plus tard, Stéphane quitte la cité. Il sourit. Il a gagné une première victoire sur lui-même. Il dispose de l'adresse de Kamel. Il a vaincu sa peur. Mais pas encore la fatalité.

30

En constatant que Kamel loge près de son propre domicile, Stéphane y lit un présage heureux. Après s'être garé chez lui, il marche. Il ne veut pas perdre un instant. Kamel est-il au lycée Carnot, boulevard Malesherbes, ou au lycée Chaptal, boulevard des Batignolles ? En longeant ce dernier, Stéphane croise un étudiant, seul, avec une bonne tête de scientifique, boutonneux à souhait, pas vraiment un corps de sportif. Il lui rappelle l'étudiant qu'il était. Peut-être que ce jeune homme aux cernes déjà marquées apprend-il lui aussi à se dépasser, à élever son niveau initial de pensée et d'intelligence, à croire qu'il peut se hisser au-dessus de sa condition initiale ? se dit Stéphane. Que dirait Kamel à cet étudiant ? Lui raconterait-il son propre parcours ? Il observe les murs épais, les dizaines de fenêtres de cette « prépa », l'impression de solidité de cette architecture enracinée au milieu du trafic désordonné et bruyant de Paris. Il songe à ces dizaines d'amis de Kamel qui ne connaîtront jamais ce lieu. On n'attend d'eux que le silence. Personne n'osera plus les délivrer au forceps. Tous ont abdiqué, comme lui-même a auparavant abdiqué par aveuglement, avec Fred et Léa, enfants de la complaisance de toute une génération.

Il s'approche de Villiers et en jetant un œil sur le bar au début de la rue du Rocher, il reconnaît Kamel aussitôt, tant il fait tache avec les habitants du quartier. C'est presque drôle, ce jean et cette chemise large qui ne correspondent pas du tout à son look habituel. Il porte malgré lui l'héritage kaira, peut-être dans sa manière de se tenir, de dodeliner les épaules de gauche à droite, de basculer le regard d'un passant à l'autre, rapidement, comme à l'affût. Stéphane s'approche pour le surprendre, étrangement sûr de lui, comme si le fait d'être sur son « territoire » lui donnait un avantage. Avant qu'il n'ait eu le temps de réagir, il prend place à côté de lui, en terrasse.

— Bonjour Kamel. Je peux m'asseoir quelques minutes ?

Il lui sourit. Kamel le regarde sans réagir, puis sourit lui aussi.

— Vous, vous êtes un sacré relou ! Comment vous m'avez trouvé ?

Stéphane lui avoue qu'il est parti à sa recherche dans la cité et qu'il a rencontré son frère.

— Vous êtes couillu d'aller là-haut en ce moment, alors que vos histoires ont rameuté les flics. Vous avez pas peur ? Même après votre raclée ? Le petit Zouk, il vous a pas passé à la moulinette ?

Stéphane répond qu'il a « assuré ». Il se sent bien, sans savoir comment l'expliquer. Un silence amical s'installe, jusqu'à ce qu'une voix féminine un peu froide les interrompe. C'est une jeune serveuse, qui prend la commande rapidement et de manière agressive. Stéphane interroge Kamel du regard :

— Laissez tomber cette meuf. J'ai cherché à la brancher, ça joue d'abord les cool et puis ça se braque pour un rien, une vraie girouette. Elle sait pas ce qu'elle veut. Elle était gentille pourtant au début.

— Vous vous êtes disputés ?

— Ouais, et depuis, on se parle plus.

— Et là, c'était pour quoi ?

— À cause de vous ! D'ailleurs, elle vous a peut-être reconnu, à l'instant.

Et il éclate de rire.

— Je crois bien que je ne vous porte pas chance, Kamel.

— Laissez tomber. Alors que je la chauffais gentiment, elle m'a demandé ce que je pensais de cette histoire de blog d'un père en colère, en tant que « fils des cités ». Pour rigoler, j'ai dit que la France aurait mieux fait de résoudre le problème des boulots de merde avec des robots plutôt que des rebeus. Elle s'est excitée contre les réacs et les vieux cons. J'crois bien qu'elle parlait de vous. Je ne sortirai jamais avec une fille comme elle de toute façon. C'est une petite bourge en révolte, et je la sens assez folle pour me promener comme un tract grandeur nature, juste pour faire chier ses vieux.

Kamel fait une pause, et ajoute rapidement :

— De toute façon, c'est mieux comme ça, l'amour c'est pour les autres : j'ai du taf et je dois réussir mes concours. Mes profs ne me feront pas passer Polytech' vous savez, je galère trop en français. À la place, il me reste les Mines, Centrale, c'est quand même pas de la daube tout ça !

Stéphane le félicite et lui avoue que lui n'a même pas tenté ces concours-là. Et puis il lui raconte ses études, sa carrière, l'arrivée de la « mante ». Il lui conseille de ne pas être naïf comme lui. Tout en parlant, il réalise qu'il n'a jamais songé à tutoyer Kamel, et que lui non plus n'a jamais tenté de sortir du vouvoiement, comme si cette marque mutuelle de respect devait demeurer, comme le signe d'une relation normale, celle d'un adulte avec un jeune homme.

Kamel, sans y mettre toujours les mots adaptés, le questionne. Stéphane a le sentiment que son expérience dans la cité l'amènera à avoir des réflexes appropriés dans les grands groupes. Instinctivement, Kamel sent qu'il est question de « maîtriser son marché » comme on contrôle son territoire, de piquer les clients du voisin par des moyens plus ou moins scrupuleux, de vérifier qu'on sera payé par petites touches quotidiennes, qu'il n'y a pas d'embrouille visible dans le projet, et que la livraison de la camelote est plus importante que le service après-vente. Au fond, sur les basiques, Kamel est armé pour le grand combat capitaliste. Il lui manque les codes linguistiques et comportementaux de base, le vernis de la politesse et des usages qui font la distinction de classe, quelques références « culturelles », un diplôme et peut-être un faciès plus net.

— Alors, Stéphane, comment vous allez faire pour faire la nique à la « mante » et lui piquer sa place ? lui demande en souriant Kamel.

Stéphane laisse passer un bon moment avant de préciser qu'elle l'a viré. Curieusement, il a honte. Mais il n'a rien à perdre ; il lui décrit la scène de son licenciement, la visite de Bruno, les portes qui se sont fermées une à une. Puis, il lui avoue qu'il lâche prise, qu'il ne lui reste que lui, pour l'aider, l'aider à retrouver un lien avec sa famille, pour lui dire comment faire.

Kamel ne répond pas. Il reste distant, pour ne pas afficher une pitié humiliante. Il le regarde longuement, d'un regard d'adulte. À cet instant, Stéphane se sent comme un enfant et Kamel, du haut de ses 20 ans, est le pilier.

— Ils ne veulent plus me parler, ni mes enfants, ni Nathalie. Si je cherche à les voir, ils vont me rejeter. Que dois-je faire ? Il faut qu'ils comprennent... Il y a aussi ce Jean-Philippe, un mec de la télé qui veut me faire participer à une émission.

— Moi, je ne sais qu'une chose : il faut pas se morfondre. Vous avez pitié de vous, Monsieur ? Votre honneur d'abord, quoi ! Et tant pis si vous mourrez – vous êtes déjà bien esquinté de toute façon...

— et je fais quoi ?

— S'ils ne veulent pas vous écouter, forcez-les à vous entendre, utilisez ce haut-parleur de la télé, encore. C'est ce qui vous a fait chuter, ça vous fera peut-être remonter...

31

Jean-Philippe lui a affirmé avoir la situation bien en main lorsqu'il lui a présenté sa grande émission « Éducation, la nouvelle donne ? » Un titre simple et fédérateur. Dans la bande-annonce, on entend un air de rap, on voit des images des émeutes de 2005, des enfants souriant en classe, d'autres jetant des cailloux sur un bus. Il y a là, selon Jean-Philippe, de quoi « rameuter la foule ». Et il y aura quelques surprises pendant l'émission, a-t-il ajouté, sans accepter d'en dire davantage. Depuis que la date est fixée, Stéphane appelle souvent Jean-Philippe pour valider le contenu de son intervention, imaginer les différentes alternatives :

— Tu sais que j'ai beaucoup d'invités. Ta « séquence » ne durera que 15 minutes, dans la rubrique témoignages. Mais 15 minutes à la télévision, c'est une éternité !

— Tu es sûr que ça suffira ?

— Tu vas trouver ça très long. Ou pas ! L'impact ! Tout est dans l'impact ! Les phrases « choc » ! Le ton ! La conviction ! Même si tu mens, regarde la caméra en face !

— Mais je n'ai pas l'intention de mentir !

— On ne sait jamais, tu peux en avoir besoin, c'est toujours utile de savoir mentir un peu, de mélanger le vrai et le faux, pour ajouter du sensationnel, de quoi capter l'audience, faire grimper l'audimat !

— Bon, je crois que je vais laisser tomber tout ça...

— Mais non ! T'as raison, il faut faire vrai, mon vieux. Et c'est en faisant vrai qu'on se vend ! Sois toi-même, mais avec des phrases courtes.

Et il rit avant de raccrocher. Un rire qui sonne vrai.

32

Fred a bu toute la journée. Il est nerveux, agité, se lève et se rassoit sans cesse devant l'écran plat, là, à Saugny, dans cette maison qui est devenue la leur. Léa a mis d'ailleurs un peu d'ordre en arrivant. Ça a fait marrer Fred, mais il n'était pas mécontent de pouvoir s'asseoir pour une fois sur un canapé propre. Ils sont seuls, comme prévu. Et d'ailleurs, curieusement, depuis que leur mère est partie, ils invitent moins de monde. Depuis que Fred a découvert lui aussi la chambre de sa mère et les murs de photos, il n'a plus trop la tête à organiser des fêtes chez lui.

— Et maman ?

— Elle ne regardera pas l'émission, enfin c'est ce qu'elle m'a dit quand je suis passée la voir ce matin. Elle va bien, je crois qu'elle a besoin qu'on la laisse tranquille un peu, de faire le point.

— Le relou, c'est abuser, on n'avait pas besoin de ça. Je me suis fait pourrir par Rachid toute la semaine, depuis que la bande-annonce tourne.

— Tu m'étonnes…

— Putain, mon daron à la télé… on va grave se faire charrier ! Et s'il parle de Saugny, on va avoir droit à une descente des Casques bleus, j't'explique pas la galère, les planques à bouger, les clients qu'auront les foies… Ou pire...

Il est déjà bourré, se dit Léa. Elle est mal à l'aise après ce qui s'est passé ce matin. D'ailleurs, elle est restée scotchée toute la journée sous sa couette. Maintenant, elle va découvrir l'étendue des dégâts, là sur l'écran de télé.

L'émission démarre. La première invitée, c'est Gilda, une actrice porno, dont le best-seller raconte comment elle a concilié vie professionnelle et obligation familiale. Sur une séquence vidéo, on y découvre son mari, un employé bancaire, qui explique avec gêne que le plus compliqué a été lorsqu'elle a tourné *Les fleurs ouvertes de Tahiti*. En arrière-plan, tandis qu'il parle, dans un cadre défilent quelques images de cette production ; on peut percevoir le visage de Gilda, qui gigote comme un pantin, entouré d'images cryptées.

Léa se tait.

Ensuite, on enchaîne sur la vie d'une famille nombreuse de mormons, aux États-Unis ; l'émission monte en puissance, si on en juge par la mine de Jean-Philippe, qui annonce la page de publicité. Quelques minutes plus tard, Fred et Léa aperçoivent enfin leur père qui descend maladroitement l'escalier du studio et se fait applaudir longuement. Plein champ, devant la régie, au fond, sur un large siège surélevé, Jean-Philippe officie, impérial, dans son costume blanc de César moderne. Tandis que Stéphane achève sa descente, il lui jette un clin d'œil complice et lui indique, sur la droite, le fauteuil isolé, l'emplacement réservé à chaque invité de l'émission. Stéphane s'y installe rapidement, et constate avec gêne qu'il s'enfonce dedans.

— Putain, quel tronche de *snake* cet animateur ! J'aime pas son clin d'œil au daron, il sonne faux, ça pue l'embrouille, genre j't'embrasse pour te planter le couteau dans les côtes, commente Fred.

Puis, un jingle annonce l'arrivée de l'éditorialiste, un élégant jeune homme en jean et veste noire, la trentaine, l'œil ironique, barbe naissante travaillée, qui s'installe devant Stéphane, derrière un pupitre ; l'homme en noir focalise l'attention sur lui, sourit et « attaque » son édito :

— On l'aime, on le soutient, on le dénigre. Voici devant vous, ce soir, Stéphane, notre fameux blogueur en colère ! Je ne vous trouve pas si effrayant que ça, finalement. C'est une colère rentrée ?

Le public rit. L'autre poursuit, pince-sans-rire :

« Il a jeté un pavé numérique dans la mare, il a balancé toute sa rage dans un blog, sur Internet, contre ses propres enfants et contre une société qui selon lui n'a jamais été, dans l'histoire des hommes, autant l'ennemie des parents. Et sur ce blog, des parents se sont retrouvés pour larguer, eux, quelques bombes puantes sur leurs satanés gosses, une vraie cour de récré des adultes qui en ont marre. Nous, à la rédaction, on s'est demandé : pourquoi tant de haine ? Qui n'a jamais vidé le réfrigérateur sans un merci pour celui qui l'a rempli ? Qui n'a jamais transformé sa chambre en champ de bataille, laissé traîner des parts de pizza sous le canapé à l'attention du chien ? Qui n'a jamais écouté à fond des musiques plus proches du vomi que de Verdi, n'est-ce pas JP ? Et qui n'a jamais emprunté 50 euros à ses parents sans qu'ils le sachent ? Bon, c'est vrai, les jeunes ne communiquent plus qu'en SMS et encore ils oublient souvent le dernier S ! Pour les prévenir que le dîner est prêt, toutes les mères le savent, mieux vaut leur envoyer un mail. Et c'est ce qu'a fait notre père en colère, il a envoyé un mail à la France entière avec accusé de... déception. Dites-nous Stéphane, la soupe n'était pas bonne ?

Rires. L'éditorialiste laisse passer un temps et reprend.

« Eh oui, mon cher Stéphane, à lire votre blog, on s'est dit : tout ça n'est-il pas un peu excessif, le fruit d'un esprit blessé, une sorte de thérapie à ciel ouvert ? On s'est interrogé sur l'auteur. Qui êtes-vous réellement ? Simplement un homme poussé à bout ? Rien ne vous destinait à être ce soir avec nous ; et si nous faisions d'un père en colère un père apaisé ? Bon d'accord, vos enfants ne se contentent pas de fumer un joint de temps en temps. Ils fournissent Jean-Philippe en coke (rires). Bon d'accord, votre femme a fait une tentative de suicide, et vous, vous avez perdu votre emploi, mais nous, ici, nous sommes des idéalistes, nous croyons que tout peut toujours s'arranger. Je ne sais pas, ça aurait pu être pire, vous auriez pu devenir un père en collants ? »

Le public rit encore et applaudit d'un bloc. L'éditorialiste sourit, ravi, comblé. Stéphane se tortille sur son siège, brusquement en sueur, tente d'attraper le regard de Jean-Philippe, qui trie ses fiches et annonce une nouvelle pause publicitaire. Léa se tait. Elle aussi, d'instinct, perçoit la crevasse sous les pieds de son père, le piège en place, le « grand foutage de gueule ».

33

Voici, annoncé par Jean-Philippe, qui sait pertinemment qu'il ne faut pas faire parler Stéphane trop tôt, qu'il faut garder le meilleur (ou le pire) pour la fin, qu'apparaît le médiatique Laurent Muttieli, sociologue réputé sur les questions de délinquance, venu éclairer le public sur la situation réelle des « jeunes », notamment dans les zones où éduquer est devenu « compliqué ». L'expert, décontracté, habitué des plateaux, la cinquantaine, a publié de nombreux livres et études depuis quinze ans sur le sujet, rappelle Jean-Philippe. Il attaque sans peine :

— Vous savez, le genre de blog comme celui d'un père en colère participe au développement du sentiment d'insécurité et de stigmatisation de cette jeunesse des banlieues. Il creuse un fossé entre eux et nous. Cela nous enferme dans un cercle vicieux de répression face à un monde de jeunes par définition « turbulents ». Car les chiffres sont stables, n'empirent pas, la situation n'est pas si dramatique que ça.

— N'avez-vous pas l'impression de nier ce que des millions de citoyens vivent au quotidien ? intervient Jean-Philippe.

— Les médias font croire à un phénomène de grande ampleur. On exagère. Regardez, le cas de Stéphane est symptomatique. Il cherche des causes dans la perte de soi-disant valeurs, alors que les causes sont sociales, uniquement sociales.

— Stéphane, vous en pensez quoi de ce que nous dit M. Muttieli ? interroge soudain Jean-Philippe.

Léa se fige pendant que la caméra se tourne vers son père, ridiculement décontenancé :

— Mais… on n'est pas là pour contester les faits, je… je pensais qu'on allait parler des solutions, des pistes pour améliorer les choses, et en tout cas pas de mon cas particulier.

— Certainement, Stéphane. Mais Monsieur Muttieli n'a pas l'air convaincu de l'urgence et de la gravité de la situation.

— Je ne sais pas. C'est tout de même aberrant, ce déni. Peut-être que des milliers de délits ne sont même plus dénoncés parce que le niveau de violence a augmenté ? Il suffit de lire les articles de presse d'il y a trente ans. Un scandale, c'était quatre jeunes qui crachaient sur un flic, maintenant, c'est quand ces jeunes battent ou violent un autre enfant. Ce monsieur devrait surtout se demander pourquoi ses chiffres ne reflètent pas la réalité.

— Vas-y, comme il le détruit sa face, c'est du 11 43 ça claque ! s'exclame Fred.

— T'es vraiment barré, mon frangin ! s'exclame Léa, tout aussi fière.

Le sociologue reprend :

— Monsieur, soyons précis. Je ne nie pas qu'il y ait quelques points noirs, quelques zones sensibles, comme Saugny... Alors, puisque vous cherchez des solutions, sachez que tous les experts le savent bien depuis longtemps, cela passe par l'emploi, de ces pauvres jeunes abandonnés, c'est aussi simple que ça !

Stéphane sourit amèrement :

— Vous pouvez toujours venir à Saugny et proposer un travail au SMIC à mon fils. Il vous rira au nez comme tous ces potes. Si vous saviez ce qu'ils gagnent avec leur trafic. Et puis, ils ont mieux, ils ont le pouvoir sur une ville entière, ils ont une ville à eux, rien qu'à eux...

Fred jette une canette contre le mur :

— Rachid va pas aimer ça !

Le sociologue se tourne vers Jean-Philippe, et reprend d'un ton doux, pédagogique, presque amical :

— Vous savez, les personnes comme Stéphane, je les comprends. Il est vrai que Saugny est un cas particulier, une zone particulièrement sensible. Il ne faut pas toutefois en tirer une généralité, et puis les dealers sont une toute petite minorité.

Puis, se tournant vers Stéphane :

— Cher monsieur, je conçois votre douleur, mais cessez de vouloir la mettre sur le dos de toute une jeunesse à qui on n'offre déjà plus grand-chose. Si vous admettez que vous êtes un cas particulier, vous vous en sortirez mieux, croyez-moi.

Un jingle interrompt le sociologue. Jean-Philippe, tout sourire, conclut :

— Eh bien merci, Monsieur Muttieli, pour votre éclairage ! Mais à voir son visage déconfit, j'ai bien peur que cela n'aide pas beaucoup notre ami Stéphane ! Alors, qui a raison, qui a tort ? « Reportage » !

La salle est plongée dans le noir et sur l'écran. S'ensuit un reportage classique qui commence par montrer les conditions de vie en banlieue, le délabrement, le trafic, puis qui se termine sur le parcours de Stéphane, avec au passage un plan sur la fenêtre d'hôpital de Nathalie, et des ombres qui sont censées être ses enfants. Le tout résumé en moins de cinq minutes, qui se terminent au pied d'une tour de verre et deux journalistes qui débusquent celle qu'ils annoncent être la directrice générale à la sortie du parking. La mante. Elle est là, surprise par la caméra, tente d'échapper à l'interview. On la rattrape. Oui, elle se souvient de Stéphane, elle conserve de bons rapports avec cet ancien employé, oui elle a dû le licencier sur ordre de ses supérieurs, d'ailleurs elle explique que ce n'était pas un licenciement, mais une transaction à l'amiable. Elle ajoute qu'elle étudiera la possibilité d'un nouveau poste pour Stéphane, dans un ou deux mois, quand les choses se seront calmées.

On rallume le studio, et les applaudissements explosent.

— Eh bien ! conclue Jean-Philippe, tout sourire, nous progressons, vous voilà avec une promesse d'emploi !

Stéphane esquisse une moue égarée. Il comprend que ce « JP » se joue de lui, qu'il n'y a plus rien à espérer de ce passage à la télé.

— Mais avant la séquence suivante, qui va tous vous toucher, une page de publicité.

Léa fixe l'écran comme on attend le bourreau.

— Putain, prépare-nous deux lignes. Faudra ça pour la suite. Ils sont en train de démonter Papa, je ne sais pas ce qui nous attend, mais ça pue… finit par lâcher Fred.

34

Cadavérique, hagarde, elle pousse au ralenti une épaisse porte métallique qui déverse des mégawatts de musique techno dans la rue avant de se refermer. Derrière elle s'extirpent de la soirée deux jeunes hommes aux cheveux courts arborant un tee-shirt ESCP ; ils se tiennent l'un l'autre pour ne pas chuter, occupent toute la rue en zigzag périlleux et s'éloignent en rotant. Léa demeure immobile, figée, la main gauche tremblante, les pupilles dilatées, perdue au fond de l'obscurité bleuâtre qui assombrit ses yeux. Elle voyage, ailleurs, au-dessus de ce trottoir qui enracine son corps au bitume. La caméra zoome, comme pour chercher un indice, et se perd dans la clarté blanche de sa peau transparente. Les os et les intersections pointent, saillants, agressifs. Elle n'est pas au mieux, du genre complètement défoncé, en dérive, démasquée par la lumière de l'aube. Vêtue d'un simple tee-shirt blanc, elle n'a pourtant pas l'air de souffrir du froid et de l'humidité matinale.

Son regard s'est lentement accroché à la caméra, comme si elle souhaitait se rattraper à elle-même ainsi, progressivement intriguée.

— Putain, qu'est-ce qu'elle tient ! chuchote l'intervieweur.

— Les enculés, ils ont même pas coupé ça au montage ! réagit Fred, bouche bée, qui n'a pas jeté un seul regard à sa sœur depuis le début de la séquence.

Il se tourne enfin vers elle. Léa est figée. Elle ne se reconnaît pas dans ces images. Elle a déserté depuis longtemps les salles de bains, elle fuit les miroirs, déteste se voir. Elle perçoit les restes de sa dignité qui se rebellent devant ce déballage et, naissante, une honte pesante.

Le reportage se poursuit : les deux intervieweurs se rapprochent d'elle, avec précaution, une politesse excessive, lui parlent doucement, comme on parle à un fauve ou à un fou, ont visiblement peur d'une réaction brutale, d'un réveil irrécupérable et d'une fuite. Ils lui proposent un café, le lui tendent, et elle le prend machinalement, avec dans le regard une incompréhension : qui sont ces gens ?

Avec patience, ils réussissent à la traîner sur un banc à proximité, lui offrent un Mars et un autre café. Elle semble s'éveiller au monde, marmonne plus qu'elle ne parle, bougonne qu'elle veut rentrer chez elle. Les deux font mine de ne pas l'entendre et puis, contraints, ils lui disent que ce n'est pas sérieux de rentrer tout de suite, dans cet état.

— Les enflures, ils veulent te faire cracher quelque chose ! Des fils de pute, ces fouille-merdes ! Qu'est-ce que t'as lâché, Léa ? Rien sur le *bizz* ?!

— J'sais plus Fred, je ne sais plus, j'étais à cette soirée d'étudiants pour chasser du rabatteur, j'étais pas bien, j'ai chopé des extas à droite et à gauche, j'ai gobé toute la soirée comme on bouffe des Smarties…

— La merde…

Là, ils lui proposent de parler, comme ça, entre amis, qu'elle leur dise ce qu'elle a sur le cœur, qu'ils sont là pour la soutenir, qu'elle a l'air malheureuse, qu'ils n'aiment pas voir des gens qui sont malheureux, que c'est pour ça qu'ils font une émission, pour aider les gens, les « vraies gens », à s'en sortir.

Elle lève la tête, les yeux dans le vide, elle leur demande au ralenti une clope et 100 euros.

Hésitation. Ils lui tendent finalement un paquet de Marlboro et 20 euros. Elle prend le tout et redemande 100 euros.

— Vas-y, dépouille-les, la frangine ! encourage Fred, penché vers l'écran comme un boxeur prêt à frapper.

Puis, une voix plus aiguë, marquée d'impatience, interpelle Léa.

— Léa, nous sommes là pour vous libérer d'un poids, pour que vous nous disiez ce que vous pensez de votre père Stéphane et de son blog. Allez-y, on est entre nous, entre gens qui vous veulent du bien.

Le corps de Léa lui répond par un mouvement de recul ; sa tanière n'est qu'un banc métallique froid, mais elle s'y rétracte comme un reptile prêt à réagir pour blesser à mort.

L'autre voix, plus douce, intervient, lui promet qu'elle peut leur faire confiance. Elle sera connue, probablement invitée pour parler d'elle, de ce qu'elle aime, de ses goûts, elle pourra rencontrer des stars, ses chanteurs préférés, le rêve de tout jeune en somme.

— Z'êtes qu'une petite bande de bâtards, leur crache-t-elle.

La voix aiguë réagit :

— Et toi, d'avoir poussé ta mère à bout, tu es fière de toi ?

Cette fois, le corps de Léa se cabre, la trahissant par ses lèvres qui s'ouvrent, pleines de fiel et de rage :

— T'en sais quoi, toi, de tout ça, avec ton air de bobo ! Tout juste bon à m'acheter ma coke pour un vernissage de tarlouzes ou pour pleurer sur le tiers-monde alors qu'à 10 km de chez toi, c'est la merde comme t'as pas idée ! Alors t'inquiète pas pour ma mère ! Elle va bien, elle t'enterrera. Et mon daron aussi, il va vous montrer la réalité ! Et ensuite, on vous chiera dessus ! Nous quatre ! Quand on sera une famille à nouveau, il faudra pas venir nous emmerder, sinon mon frère, il viendra t'arracher les couilles ! Ouais, on sera réuni contre vous tous, bande de petites merdes d'enfants gâtés ! Rien à battre de votre pitié de bourge ! Et votre place de pouffiasse à la télé, je laisse ça aux baltringues façon Star Ac… Putain, qu'est-ce que je fous là, à parler à ces nazes !

La voix douce l'encourage :

— C'est ça, Léa, laissez votre colère s'exprimer. Continuez !

Et il tend la main pour l'encourager d'une tape sur l'épaule. À son contact, Léa se fige.

— Me touche pas, gros porc ! Tu veux me baiser, c'est ça ? Vous rêvez à une petite touze ? Mais personne ne voudrait de deux zozos dans vot' genre ! De toute façon, vous, les mecs, vous pensez qu'avec vot' bite, soit pour la fourrer, soit pour en avoir une plus grosse que celle de vot' voisin. Pathétiques, vous êtes tellement pathétiques !

— Léa, parlez-nous, confiez-vous, c'est bon de montrer ce qu'on a à l'intérieur. Vous nous disiez que vous pensez qu'un jour, vous serez réunis, avec toute votre famille. C'est un merveilleux message pour votre père qui vous aime ! N'est-ce pas ?

La caméra saisit un instant le corps recroquevillé qui se détend soudainement, les mains tendues vers elle. L'image danse du sol au ciel, du mur au trottoir, d'un visage à un bras, ivre des mouvements de lutte entre le cameraman et Léa.

— Donne-moi cette caméra, fils de pute !

— Retiens-la, elle me mord…

Le reportage s'achève sur ces images de lutte. Le public, rempli d'une émotion sincère, se tient droit sur les sièges, statufié. Pas un bruit. Jean-Philippe laisse le temps s'écouler. Brusquement, Stéphane se lève, et s'approche de lui.

— Tu m'as trompé ! Tu es comme eux, comme eux !

Et il quitte le plateau, devant un public consterné. Jean-Philippe marque un temps puis prend la parole :

— Eh oui, c'était trop d'émotions pour notre ami Stéphane, on ne lui reprochera pas ! Au contraire, on l'applaudit avant de passer à notre quizz de la semaine !

Léa pleure. Elle regarde son frère qui éteint la télévision.

— Pardon, j'ai déconné.

Il la prend tout entière dans ses bras, l'embrasse sur le front.

— Ne t'inquiète pas, Léa, t'as rien lâché, rien sur le *bizz*. Rachid, il pourra rien dire. Au contraire, tu les as bien défoncées ces deux fiottes.

— Mais… je…

— Non, Léa, tu n'as rien dit de mal. Et peut-être que tu as raison, si ça se trouve, on se retrouvera un jour tous les quatre. Même avec papa. Je vais te lâcher un truc, en le voyant se faire baiser par tous ces enculés, j'étais de son côté ce soir, je les aurais bien allumés, ces mecs. Ils l'ont bien baisé papa. Il n'a pas compris le monde d'aujourd'hui… il n'a pas compris que personne ne veut plus se parler, qu'on est tous à deux doigts de s'étriper, suffit de se promener un peu, la tension c'est la pression, une étincelle et tout ce petit monde s'égorgera. On est sur le fil avant le massacre. Un embouteillage, et on s'explosera la tête à coups de batte de baseball ou de clé à mollette. Alors papa, il peut toujours essayer d'arroser le désert. Les cœurs, c'est plus que du sable maintenant.

Faut être en fer pour tenir. Être une boule de fer si on veut survivre et ne pas souffrir. Et aussi si on veut protéger sa sœur…

Elle le serre. Il l'embrasse à nouveau sur le front. Ils vont rester là ce soir, comme avant, quand, dès 6 ans, elle est venue se blottir contre lui la nuit ; elle ne dormait qu'ainsi, pour fuir sa frayeur des « Gremlins » qui la martyrisaient dans la cour de récréation, pour oublier les humiliations, fuir la terreur, évacuer cette boule au ventre qui grossissait du matin au soir. Automatiquement, elle s'éveillait vers 5 h du matin et rejoignait sa chambre pour que ses parents ne se doutent de rien. Ça avait duré jusqu'à leur adolescence, jusqu'à ce moment où son frère avait basculé de l'autre côté, pour elle.

35

Stéphane se tient là, derrière la porte du studio qu'il vient de refermer derrière lui. Il titube dans le couloir, avance malgré tout, des flashs de couleurs pleins la tête, le son des rires aussi, les images qui s'entrechoquent. Le voilà bientôt à l'accueil, il tangue, en plein naufrage, il prend l'eau de toute part, une eau sombre et boueuse, une eau lourde qui l'aspire vers le fond ; il va tomber, il se cherche un point d'ancrage et échoue in extremis sur ce canapé pour visiteurs. Ses jambes tremblent, il respire bruyamment. Dans son esprit tape la même question.

Que s'est-il passé ?

Tout a été si vite, un éclair, 15 minutes, K.O. debout.

Il ouvre les yeux sur le hall d'accueil du studio de télévision, se rappelle ce videur black qui l'observe avec réserve. Il était là quand il est arrivé, vers 19 h. Puis on l'a mené au maquillage. Il était tendu rien qu'à l'idée qu'on le poudre, qu'on le travestisse en somme. Il n'aimait pas ce premier mensonge.

Il avait été conduit par la maquilleuse qui lui parlait comme on parle à un malade, il avait rejoint une loge d'attente, à proximité du studio, un sas, comme la chambre de décompression d'un plongeur. L'attente avait commencé. Au bruit, il avait compris que l'émission en direct avait démarré. Les rires, les réactions du public l'avaient peu à peu atteint, jouant avec ses nerfs. Bientôt, ce serait à lui, vers 21 h 30, et il aurait bien aimé croiser Jean-Philippe avant le début de l'émission.

À ces pensées, Stéphane tape du poing sur le canapé. Le vigile se rapproche, lui conseille de rentrer chez lui, il a dû recevoir des instructions.

Puis un visage apparaît devant lui : on lui tend la main.

D'instinct, dès les débuts de l'émission, Kamel a rapidement été convaincu qu'il faudrait cueillir Stéphane à la sortie de TF1. Il s'en est voulu de l'avoir poussé à faire cette émission. Il n'aurait jamais imaginé un tel massacre. Stéphane a le regard perdu. Kamel le traîne vers la station de métro et, après une demi-heure de trajet, l'installe dans sa chambre de bonne, sur son lit. Stéphane ne dit rien, il revit en boucle l'émission, cette occasion ratée, et, tout au bout, les mots de sa fille Léa, les mots de désespoir de sa petite fille camée, manipulée par deux journalistes. Kamel pose sa main en soutien sur son bras, pour le calmer. Après quelques minutes, Stéphane se sent apaisé. Puis ils se mettent à grignoter des « Petit Lu ». Vers une heure du matin, tandis que Stéphane s'endort, Kamel se met à sa table et travaille ses « intégrales ». Le lendemain, Stéphane le trouve sur son tapis de sol, la tête contre un tas de bouquins. Il s'éveille aussi quelques instants plus tard.

Après avoir préparé en silence un thé, Kamel raconte qu'il vient de réussir ses écrits et est admissible à Centrale Lyon. Il a la mine effroyable de celui qui travaille jour et nuit, qui aligne probablement les révisions, les exercices, constate Stéphane. Mais au-delà de sa fatigue, derrière ses pupilles se cachent une joie puissante, une fierté sincère et spontanée, et aussi une attente. Autour de lui, se dit Stéphane, il n'y a pas grand monde qui puisse mesurer l'effort, l'arrachement auquel ce gamin de 20 ans s'est astreint pour s'extraire de sa condition, de sa prédestination. Cet orphelin de père n'a jamais reçu le moindre encouragement, quelque chose qui ressemble à une marque de confiance, réalise soudainement Stéphane, troublé. Il regarde alors son jeune ami et lui lance :

— Ce que vous faites, Kamel, c'est bien, c'est courageux, c'est plus difficile pour vous que pour tout autre. C'est pour ça que ça représente beaucoup plus que vous ne croyez. Vous savez, moi aussi je me suis extrait par les sciences, c'est finalement assez démocratique, les sciences, il n'y a pas besoin d'une famille d'intellectuels pour être bon. Alors vous pouvez être fier, très fier…

Kamel se lève brusquement, et de dos, fait semblant de ranger quelques feuilles, lave les tasses, s'agite avec maladresse. On ne montre jamais sa sensibilité dans la cité, se dit Stéphane, une autre forme de la loi du silence. Après quelques minutes, Kamel reprend sa place. Stéphane l'observe et imagine son effroyable solitude, sa lutte contre les forces centrifuges de la cité. Il ne peut s'empêcher de les mettre en rapport avec ses propres échecs. Pourquoi Kamel a-t-il réussi là où Fred et Léa ont basculé dans le business ? Comment a-t-il pu s'en sortir ?

Ils décident ensemble de s'offrir un petit-déjeuner, à la terrasse du café où ils se sont revus récemment. Kamel se montre enthousiaste. Ce plaisir simple, il le décrit comme un miracle : être là à une table, entouré d'autres personnes, sans tension, sans cri dans la rue, sans une mauvaise rencontre à craindre, c'est un « total kiff », de quoi oublier cette satanée émission.

Stéphane se sent curieusement détendu. Tout est comme achevé en lui. Les ruptures sont totales, les portes verrouillées à jamais, et il ne lui reste que cette amitié naissante :

— Merci pour hier soir. Je crois que vous êtes le dernier mec qui puisse me supporter. Et je ne sais toujours pas comment ma propre fille Léa en est arrivée à ça ? Comment elle a basculé avec son frère dans ces deals ?

— L'engrenage, l'engrenage de la cité. Ils ont basculé au début de l'adolescence peu après l'agression de Léa… ils auraient basculé de toute façon.

— L'agression ? Quelle agression ?

Kamel se tait. Puis Stéphane se rappelle : ce jour-là, alors qu'il venait de garer sa voiture, il avait remarqué le camion de pompier et son fils qu'on emmenait. Il s'était précipité à l'arrière en hurlant. Assise à côté de la civière, à la hauteur du visage de son frère, se tenait Léa, livide, le corps crispé dans une attitude de défense. On aurait dit une féline prête à mordre pour protéger son frère. Dans le premier regard qu'elle lui avait jeté se mêlaient de la peur et une rage contenue. Elle avait paru contrariée par sa présence. Stéphane se souvient que son chemisier était déchiré en partie à l'arrière. Fred ne bougeait pas, respirait doucement, les yeux fixés sur un point. Son nez, recouvert d'une croûte épaisse de sang séché, avait doublé de volume, sans doute fracturé. Des bleus et de multiples griffures découpaient le reste de son visage en un effrayant kaléidoscope. Sa jambe gauche déjà recouverte de pansements ensanglantés avait été mise à nu. Il devait endurer le martyre, mais rien ne le laissait paraître. Puis, il y avait eu l'hôpital, le retour en silence, Nathalie affolée et les questions sans réponse. Ni Fred ni Léa n'avaient jamais parlé. Cette fois il allait savoir ce qui s'était passé.

— Kamel, je me souviens de ce jour. Mais c'était Fred qui avait été agressé, pas Léa ! Il faut me raconter maintenant…

— Ça restera entre nous ? Hein ?

— Promis

— En fait, à la sortie des cours, ils ont coincé Léa devant l'abribus, un groupe de cinq à six racailles avec Rachid à leur tête. Elle était effrayée, seule, bousculée de l'un à l'autre, faut dire, elle avait à peine 13 ans. Puis, deux d'entre eux l'ont saisie et mise à genoux. Rachid lui a demandé de lui caresser la bite. Il a sorti son sexe et lui a mis sous le nez. Elle l'a envoyé chier. Lui… comment dire, il s'amusait comme dans les films pornos, il tentait de lui taper sur le visage avec… enfin c'était crade. Elle, elle hurlait. Une vingtaine de personnes se sont réunies pour filmer avec leur téléphone. Rachid a commencé à s'exciter et c'est là que votre fille lui a craché dessus. Ça, il a pas aimé. Il lui a collé une droite, direct. C'était moche.

Kamel ne bouge plus, perdu, comme en début de panique. Son visage a pris une couleur étrange, tirant entre le gris et le blanc cassé, ses mains s'agitent dans le vide, son regard n'exprime rien. Stéphane lui serre le bras.

— Kamel ! Kamel ! Qu'avez-vous fait alors ? Qu'est-ce qui s'est passé ?

— Je... J'ai couru prévenir votre fils. Il n'était pas loin, juste à l'entrée du collège, avec Lotfi, un pote à lui, un fan de foot, un balèze qu'on mettait au fond du but pendant les matchs de foot, plus large que haut, le mec. On est revenu tous les trois en courant, on a attaqué comme des brutes, on a brisé le cercle en hurlant. Votre fille avait le chemisier déchiré. J'ai pu la récupérer et je l'ai extirpée de ce merdier. Quand on a fichu le camp, ils étaient plus que quatre à se bastonner grave. Votre fils avait la rage et heureusement, car côté « technique », il était bien à la rue. Quand je suis parti, Rachid lui avait balancé un coup de genou dans le visage et il pissait le sang. Le combat était fini, il s'est traîné pour nous rejoindre, car il avait pris un coup de canif dans la jambe. Mais bon, Léa était sortie d'affaire et elle n'avait pas l'air de le prendre trop mal. Ensuite, ils sont partis en ambulance à l'hosto. Le lendemain, Léa m'a dit que désormais, tout allait changer, qu'il fallait que Fred et elle passent de l'autre côté. Un mois plus tard, Fred m'a demandé d'arranger une rencontre avec Rachid. Je ne sais pas ce qu'il lui a dit, mais Fred a commencé à dealer. Un peu plus tard, Rachid s'est même excusé auprès de Léa, genre...

— Et comment a-t-elle réagi ?

— Elle a fait semblant d'accepter, à mon avis. Et comme pour se faire pardonner ses origines, votre fils est devenu le plus fou et le plus casse-cou de la bande des « Gremlins », en tout cas au début. Depuis ce jour-là, Léa s'est placée dans le sillage de son frère.

— C'est donc comme ça qu'ils ont basculé…

— Je pense qu'entre être une victime et un bourreau, Fred a fait le choix de manière ultime, radicale et sans limites. Sans doute qu'il s'est dit que c'était la meilleure façon d'aider sa sœur. Vous pouviez rien faire, c'est comme ça, c'est la règle…

Stéphane se prend la tête dans les mains. Kamel reprend la parole.

— Il faut le vouloir pour lutter contre ces forces-là, c'est sûr. J'ai eu de la chance avec votre fils.

— Pourquoi ?

— C'est comme partout, c'est bien d'avoir un ami en haut…

36

Stéphane est rentré chez lui. Jean-Philippe lui a laissé un message amical, enjoué même, l'informant avec fierté qu'ils ont « déchiré l'audience ». Cela l'écœure.

Puis, il consulte mécaniquement son blog. Il découvre de nombreuses contributions de soutien, des mots de dégoût contre JP et son émission. Étonnamment, personne ne rend responsable Stéphane. Le « système » est accusé, les médias, les journalistes, et un flot rageur proclament la révolution nécessaire pour remettre à l'endroit ce qui est à l'envers. Mais Stéphane n'a plus qu'une pensée : fuir, s'oublier lui-même, s'isoler de tous.

Il quitte son appartement et emménage dans un « Best Hostel », donnant côté face sur un parking et côté pile sur l'A86. Son prix et son aspect impersonnel lui conviennent parfaitement. Lorsqu'il rencontre quelqu'un, personne n'est vraiment enclin à parler, les regards se croisent furtivement. Ici, la politesse, c'est être indifférent. Le silence transforme ces blocs de béton collés les uns aux autres en un monastère que les adultères de l'après-midi égayent à peine. Stéphane y pose sa valise et son ordinateur. Un exilé. Il découvre la vie sans attache, le flottement effrayant du déraciné, du sans domicile fixe. La honte et le remords le travaillent au corps, le poussent à s'effacer, à détruire son identité. Les jours suivants, il ne sort plus, se fait livrer des pizzas. Il ose à peine regarder la télévision.

Petit à petit, il n'attend plus rien.

De temps en temps, il fantasme sur un autre monde. Il divague sur le changement radical d'attitude qu'une « recivilisation » nécessiterait. En réalité, il n'y croit pas. Il faudra attendre que cela se dégrade encore. Puisqu'il n'a plus rien à faire, Stéphane se dit qu'il va partir, dans un village, quelque part. Il effectue quelques calculs financiers basés sur ses réserves, ses besoins qu'il estime désormais ramenés au minimum vital.

Il surfe, hésite, reporte la décision. Il songe à Nathalie, aux enfants. Sans doute, maintenant qu'ils sont réconciliés, vont-ils pouvoir vivre une relation plus simple, plus humaine. Peut-être qu'il aura au moins été à l'origine de ce changement. Peut-être que son fils finira par abandonner ses activités. Stéphane déroule les films d'un changement progressif. Il imagine ses enfants grandir, devenir adultes, s'occuper de leur mère. Et peut-être, peut-être qu'un jour, ils lui pardonneront à lui aussi.

Un de ces soirs de recherche, une part de Margarita dans la bouche, la main droite sur la souris, en short et mal rasé, il entend vibrer le téléphone. Il sursaute, faisant chuter le reste de pizza sur la moquette de sa chambre d'hôtel. Il insulte la terre entière en saisissant son portable et se fige. C'est Bruno.

Il a la voix grave et lui annonce que Fred est mort, lors d'une bagarre, à la sortie du RER Châtelet-Les Halles. L'enterrement est prévu dans deux jours.

Stéphane raccroche. Il se lève et sort, impassible. Droit comme un i, il marche une bonne demi-heure le long de la route jusqu'à une épicerie pakistanaise. De retour, il débouche la première bouteille de whisky, qu'il boit en quelques minutes. Une heure plus tard, il vomit brutalement, recouvrant la moquette et le carrelage de la salle de bains. Sans rien nettoyer, il s'installe avec son stock à côté de la cuvette des toilettes, et toute la nuit, il se force ainsi à boire, les yeux rougis, l'estomac en feu, vomissant du sang à l'aube, le corps trempé, grelottant. Recroquevillé à terre sur le carrelage humide, plusieurs fois il répète :

— Il est mort, mon fils est mort. C'est moi qui l'ai tué.

Le lendemain, ce sera quelques lignes dans *Le Parisien*, l'histoire de trois capuches de la banlieue sud rencontrant quatre capuches de la banlieue nord, l'histoire du mauvais regard, des insultes, des coups de poing, des couteaux qu'on sort, et de ce garçon, Fred, qui tombe à terre, touché en plein foie par Malik, un adolescent de 15 ans.

37

Dans le salon, accroupie sur le canapé, Nathalie tremble de tous ses membres, tandis que dans la cuisine Bruno prépare un café en silence. Les cris d'enfants qui jouent dans l'école voisine traversent le vaste appartement haussmannien, à peine atténués par les larges fenêtres entrouvertes. Les rayons de soleil pénètrent la pièce en tout point et balayent le parquet au gré des nuages. Nathalie se recroqueville pour chercher l'ombre. Elle se demande si elle a bien fait de venir vivre ici, depuis sa sortie de l'hôpital. Ces cafés bondés de couples insouciants, ces femmes modernes pressées sortant du Monoprix, ces cadres sans cravate faussement délurés, toute cette rue de Bretagne au décor de ville de province lui donne envie de vomir. Des vies d'autruches, pense-t-elle. D'ailleurs, elle voit à peine tout cela, les édifices sont transparents, les visages automates, il n'y a plus qu'un grand désert, la planète Terre dévastée, et le cosmos indifférent, et puis le sourire de son fils, emporté par le vide. Au milieu de tout ce rien, un vent invisible qui la déchire, qui déchiquette son âme, ou ce qu'il en reste. Elle n'est plus qu'une plainte.

Elle a à peine vu cet immeuble gris, ce couloir sans fin, cet ascenseur humide et répugnant qui les a menés deux heures plus tôt à la morgue de la police judiciaire. Avec sa tête de charbonnier, ses cernes, ses dents noires, son tremblement et son odeur rance, l'inspecteur aurait pu passer pour un Charon de l'enfer contemporain. Même résignation, même grisaille installée à jamais dans le regard, l'homme a conduit la procédure en soupirant, comme lassé de voir la liste des victimes s'accroître et ne rien pouvoir y changer. Pas de fausse pitié, pas de commisération, pas de paroles inutiles. Il a ouvert la porte du « frigo », a sorti un brancard sur roulettes et relevé le haut du drap blanc.

Bruno a reconnu le corps devant l'inspecteur. Celui-ci a répété sa question. Il avait besoin qu'elle parle, qu'elle le reconnaisse aussi. Nathalie s'est demandé depuis quand elle n'avait pas vu son fils dans toute sa longueur, nu, immobile, silencieux. C'est un sacré gaillard, a-t-elle songé. Son visage était lisse comme un ange. Peut-être pour la première fois depuis longtemps le voyait-elle sans son expression de colère rentrée, avec simplement une densité de pierre, comme si la tête avait fusionné avec le métal froid.

— Oui, c'est lui, avait-elle fini par murmurer en se jurant l'inverse.

Bruno apporte enfin le café. Il observe avec anxiété sa fille agenouillée sur le divan. Il se sent lui-même près de craquer, sur le point de sombrer. Il ne mourra plus tranquille. La fin de sa vie a été comme sa jeunesse, frappée par la fatalité. Sans doute est-ce une punition.

— Tu veux du sucre ?

Nathalie attend quelques secondes, la tête toujours contre ses genoux.

— Je n'aime pas ton quartier, finit-elle par dire.

Bruno ne répond pas. Elle poursuit.

— Dans ton quartier, ils ont le cœur sur la main tant qu'ils peuvent aller boire leur coup sur leur petite terrasse en refaisant le monde et en rêvant d'aller en Afrique faire de l'humanitaire, ou d'aller offrir un panier de fruits aux réfugiés de la dernière guerre à la mode... De l'humanitaire exotique... ils n'ont qu'à aller à Saugny...

— Ils n'y sont pour rien.

— Si, ils sont responsables. Comme toi. Toi aussi, tu as nié que ça allait de plus en plus mal chez nous ! Tu ne voulais pas regarder pour jouir de ton petit confort ! Et moi, je voulais croire qu'on pourrait changer les choses.

— Écoute, ma chérie, je...

— Tu sais, avec le recul, je me dis qu'avec Stéphane, on était bien seul. On a été abandonnés là-bas, toute la population de Saugny a été abandonnée. On était comme un clochard qui se dégrade et que les passants n'osent plus regarder, encore moins secourir. Il n'y avait ni exigence, ni autorité, ni beaucoup d'aide à Saugny, juste de l'indifférence, un refus de voir la réalité.

Elle porte le café à ses lèvres en tremblant.

— Je suis la première coupable. Finalement, en essayant de sauver toute une ville, j'ai oublié de sauver deux êtres, mes deux enfants.

— Mais tout ça n'est pas de ta faute, c'est...

— Non ! Non ! Plus de ça, plus de paroles apaisantes,

plus rien pour me rassurer. Me rassurer, ça n'a fait que me masquer la réalité, ça m'a empêchée de... de... de protéger mon fils.

— Tu n'aurais rien pu faire, c'est la fatalité, la mauvaise rencontre.

Nathalie relève la tête et d'un coup de pied renverse la table basse. Bruno sursaute. Le café se répand, il hésite, puis sort un mouchoir pour essuyer.

— Il faut que je retrouve Léa, vite, il faut que je protège ma petite Léa !

— Calme-toi... essaye simplement de...

— De relativiser ? C'est ça ? Ça fait des années que tu relativises, et pendant que tu relativises, ma fille manque de se faire violer à 13 ans, mon fils devient dealer et finit un couteau dans le ventre ! Et moi, je n'ai pas su empêcher ça ! Et personne n'a su empêcher ça !

Bruno tente de lui tendre la main. Elle l'écarte brutalement, prise de spasmes, en sanglots.

— Ne me touche pas !

— Mais ma chérie, de quoi tu parles ? C'est quoi, cette histoire de viol avec Léa ?

— Laisse tomber. Je l'ai appris des années après par le proviseur qui avait vu la scène et avait attendu que je sois en arrêt maladie pour me la raconter. Encore un qui avait peur de la réalité. J'ai appris tout ça bien trop tard, Fred et Léa étaient déjà majeurs. C'est pour ça que je suis restée avec eux, à Saugny, jusqu'au bout de mes forces, je me sentais coupable, tellement coupable... ma petite fille, ma petite fille... Personne ne doit le savoir, tu comprends ?

Bruno a baissé les bras, s'est assis à même le sol sur le reste de café renversé, tel un enfant, un enfant de près de 70 ans. Quelques minutes passent. Nathalie se laisse glisser à terre, à son tour se rapproche de lui et s'allonge sur ses jambes. Ils ne bougent plus, collés l'un à l'autre. Subitement, il lui chuchote :

— Nathalie, je voudrais que tu restes avec moi, quelques temps. Léa aussi peut venir vivre ici.

— De toute façon, je ne peux plus vivre à Saugny, dans la maison. Et je crois que Léa devrait vivre avec son père.

— Stéphane !?

— Oui, Stéphane. Et ce serait bien pour tous les deux, et pour moi aussi.

— Elle est d'accord ?

— Je lui ai parlé hier au téléphone. Avec ce qui est arrivé à son frère, elle veut, un… un vrai changement… Enfin, on verra.

— Et Stéphane ?

— Je vais l'appeler.

Quelques secondes s'écoulent, Nathalie ne bouge pas. Puis elle murmure :

— Maintenant, je comprends beaucoup de choses. Je crois que je pourrais moi aussi oser un cri, comme Stéphane, oui, oser un cri de résistance, ne plus être seulement une victime, ne plus me sentir à la fois victime et coupable.

38

Le cimetière se situe en retrait de Saugny, au bout d'un chemin qui monte vers la vieille église romane que quelques rares personnes visitent encore parfois. Il est tôt, peut-être 9 heures du matin. Stéphane patiente, frigorifié, seul devant la tombe vide qu'il a voulu rejoindre avant les autres, les yeux rivés sur cette terre remuée, cette bouche de l'enfer froide et sale qui s'apprête à avaler le cadavre de son enfant. Une caméra tourne autour de lui, observe les participants qui s'accumulent à l'entrée du cimetière ; il reconnaît d'anciennes silhouettes du passé, cherche au loin, vers la route, l'ombre noire du corbillard qu'il a laissé derrière lui quelques minutes plus tôt et qui le rejoint. Il entend le bruissement des roues et distingue, à une centaine de mètres sur sa gauche, quatre ombres qui portent à bout de bras le cercueil et remontent l'allée dans un lent et pesant balancement. Derrière, une file parsemée s'accroche au corbillard, progresse avec effort, paraît résister comme pour ralentir le mouvement général, comme pour ramener en arrière le cercueil, remonter le temps, offrir une seconde chance à Fred. Compacte, noire, la petite masse des survivants oscille au ralenti, comme un condamné qui refuse de monter à l'échafaud. Le ciel bleu, l'insolente luminosité, quelques sons joyeux d'oiseaux contrastent avec cette douleur qui n'en finit pas de s'étirer. Le cimetière est un *no man's land* entre deux forêts, celle que la nature a préservée, non loin, inoffensive, offrant ses arbres apprivoisés aux promeneurs du dimanche et de l'autre côté la forêt de béton remplie de dangers sauvages.

Au premier rang, Stéphane distingue Nathalie et Léa qui s'accrochent aux bras de Bruno, vacillant de gauche à droite, comme un bateau ivre à la limite de chavirer. En les découvrant ainsi, sa gorge se serre, ses pieds lui paraissent s'enfoncer dans le gravier. La mort de Fred, cette fois, il a l'impression de la prendre de plein fouet, c'est un feu de lucidité qui le consume, implacable et sans appel. Tout va si vite, la séquence s'est accélérée, Stéphane ne contrôle rien, là encore, son fils lui échappe. Les efforts de ces jeunes, leur sueur sur le front, la tension palpable des muscles de leurs bras, tout semble accentuer le poids de ce corps de 95 kilos, le corps de l'enfant que Stéphane a vu forcir et grandir, un corps qui pèse une tonne pour ceux qui restent.

Combien sont-ils là, à accompagner son fils ? Une cinquantaine peut-être. Il y a ceux du centre-ville et ceux de la cité. Stéphane distingue aussi quelques journalistes que l'odeur du drame a attirés. Il demeure l'homme du blog, celui du talk-show, et ce nouvel épisode de sa téléréalité navrante peut faire de l'audience.

Au bord du gouffre, Nathalie et Léa se placent derrière le cercueil qu'on s'apprête à descendre, face à Stéphane. Le visage de Léa paraît de pierre, d'un gris froid. Juste derrière elle, Stéphane surprend Kamel, livide, qui lui parle de temps en temps à l'oreille, certainement pour la soutenir. Stéphane jette un regard rapide vers Nathalie et est de nouveau frappé par ses yeux fixes, déterminés. Ce n'est plus cette colère qu'elle a souvent tournée contre elle, mais une rage tournée contre le monde entier, et pour l'instant contre la bande de son fils qui entoure la tombe. Les amis de Fred forment une masse grise, compacte, dense, une masse hérissée, sur le qui-vive. Rachid, raide, avance devant la tombe et tout bruit cesse.

— Fred, ici à Saugny, la cité te passe le salut. Ce soir, justice !

Des cris s'élèvent. Les copains de Fred ont la rage, leurs corps semblent absorber l'énergie du drame pour pouvoir la transformer en une vengeance de sang. La veille au soir, ils ont déjà tenté une expédition à Évry Courcouronnes, l'endroit d'où seraient originaires les assassins. À coups de fusil à canon scié, un gamin de 12 ans, qui passait par-là a rejoint la grande famille des victimes innocentes. Ils y retourneront ce soir, pour trouver et « fumer » les vrais auteurs du crime. Les CRS sont en état d'alerte, d'ailleurs un camion bleu a suivi le cortège à distance. Les mairies appellent au calme. Brusquement, Nathalie s'avance et s'approche de la tombe de son fils. La bande s'écarte avec respect. La voici, frêle, comme aimantée par le cercueil. Le silence se fait. Rachid donne le signal du départ. La bande se disperse.

Pas de condoléances, tout est expédié en silence. Le masque de Nathalie tombe, suivi de celui de Léa. Elles s'effondrent. Bruno s'approche de Nathalie et l'étreint. Léa se réfugie dans les bras maigres de Kamel. Le soleil éclatant fait transpirer la peine, qui verse des gouttes interminables. Stéphane baisse les yeux. Subitement, la tête de sa fille se pose sur son épaule, Léa est là, à ses côtés et Stéphane ne peut se retenir d'embrasser ses cheveux. Il l'entoure de son bras droit. Il n'ose toujours pas la regarder. Lorsqu'il lève enfin les yeux, il découvre Nathalie qui avance vers lui, au bras de son père ; elle passe à quelques centimètres de lui, et s'arrête. Son corps vacille, et quelques mots sortent de sa bouche, lointains, chuchotés, des mots d'outre-tombe, comme si une partie d'elle-même avait décidé de rester là, avec son fils, trois pieds sous terre.

— Protège ma Léa…

— Bien sûr, tu peux compter sur moi… je suis tellement…

Nathalie ne le laisse pas finir. Elle lui serre le bras et il se retient presque de crier de douleur.

— Protège ma Léa… répète-t-elle.

Nathalie s'effondre. Stéphane la retient d'un bras. De l'autre, il serre Léa plus fort.

Maintenant, il faut partir, abandonner Fred dans ce caveau refermé à la hâte. Ils s'éloignent. Léa se retourne plusieurs fois, comme si elle n'y croyait pas, comme si elle s'attendait à ce que son héros de frère sorte de sa tombe en riant, lui montre une fois de plus à quel point il sait tout prévoir, tout contrôler. Elle a refusé de rejoindre la bande pour la vendetta. Elle sait qu'elle va suivre son père. Elle sait qu'elle va tourner le dos à Saugny pour toujours.

Nathalie s'engouffre dans la voiture de Bruno sans un mot. Quelques secondes plus tard, la Mercédès noire s'éloigne lentement, embarquant une mère entre deux mondes, la survie et la mort. Léa demande à Kamel et à Stéphane de venir à Saugny et de l'aider à ranger les affaires de Fred, avant de partir. Kamel accepte de les accompagner. Ses concours sont finis. Il a décroché Centrale Lyon. Stéphane s'approche de lui, lui entoure les épaules avec son bras d'un geste affectueux et lui dit :

— C'est bien que tu viennes avec nous, Kamel, c'est vraiment bien que tu sois là aujourd'hui, avec nous, c'est important…

39

Elle lit. Voici la récompense de Stéphane après toutes ces semaines de lutte. Dans le jardin, sur l'herbe, sous un ciel bleu, elle lit, assise en tailleur, exactement comme sa mère le faisait, sur son lit, le jour où il l'avait surprise en train de sélectionner une photo de plus. Stéphane observe sa fille en catimini. Il se tient dans l'ombre du séjour, silencieux, ému.

Il a aménagé une gigantesque bibliothèque dans cette vaste maison de paysan, précisément dans l'ancienne grange. Un jour, elle a saisi un roman, s'est assise sur la chaise à bascule en osier et l'a lu. Cette pièce et Léa se sont attachées l'une à l'autre et depuis, lorsque la chaleur accable la campagne environnante, elle y passe beaucoup de temps, calme, absorbée. Elle s'est mise aussi à créer, tout un tas de choses, des compositions dans le jardin, des sortes de formes étranges avec des branches, des objets qu'elle dessine ou qu'elle tente de matérialiser. Elle dit qu'elle a lu plusieurs fois *L'art d'être libre en étant créaliste* d'un certain Luis de Miranda, un philosophe, et depuis elle répète à Stéphane que la création n'est pas réservée aux artistes, que ça peut être un état d'esprit de tout moment, dans le quotidien, qu'on peut oser se libérer grâce à elle, abandonner le pouvoir à son imagination plusieurs fois dans une seule journée et se donner la peine de transformer certaines de ses idées en réalité. Stéphane pense qu'elle se sert de cette théorie comme d'un leurre pour remplacer les paradis artificiels de la drogue, une déviation pour son esprit. Elle veut remplacer le négatif par du positif, et elle le fait avec courage.

Stéphane continue d'observer sa fille. Les traits de son visage, notamment à la hauteur de ses joues, se sont détendus depuis quelques semaines, lentement délivrés du stress et des effets de la coke. Avec le soleil et l'abus de sommeil, son corps a progressivement quitté son passé, du moins en partie. Ses cheveux ont poussé, elle a repris un peu de poids, elle a cessé de ronger ses ongles, de tourner en rond dans sa chambre, de trembler des mains, de jeter les éclairs agressifs du manque. Bien sûr, de temps en temps, elle « pète les plombs », injurie le monde entier, insulte son père. Elle lutte encore pour extraire de son corps et de son esprit le venin de la vengeance, du ressentiment, de la convoitise ou de la haine. Ce sont des crises que Stéphane accepte sans broncher. Elles passent de plus en plus vite.

La plupart du temps, il peut partager ses repas sans éclat de voix, se promener à vélo avec sa fille, s'offrir pour seul dîner quelques légumes achetés le long de la route, un verre de lait de ferme, une frugalité transformée en art de vivre. Il n'est pas encore joyeux, mais il est déjà paisible. Ils prennent parfois l'apéritif avec leurs voisins, deux retraités aimables et qui ne posent pas trop de questions. Ce sont leurs seuls contacts humains. En convalescence, Stéphane et Léa ne pensent plus au lendemain. Par mail, Stéphane correspond avec Bruno. Nathalie a rejoint une association de soutien scolaire à Paris. Le don de soi est son oubli. Elle retrouve peu à peu une forme d'équilibre même si chaque matin, elle se lève amputée, un manque qu'elle traîne jusque tard dans la nuit jusqu'à ce que la fatigue finisse par gagner la partie.

L'image de Fred se rappelle aussi chaque jour à Stéphane. Les souvenirs sont comme des claques subites, imprévisibles. En secret, Stéphane lutte pour ne pas sombrer, ne pas laisser le désespoir l'envahir, et il s'accroche à la convalescence de sa fille comme un soldat à sa dernière mission, la plus dangereuse, la seule qui puisse mettre fin à la guerre. Il lui faut échapper au piège d'une culpabilité exacerbée. Oui, Léa craque de temps en temps, sanglote longuement pour que son frère lui revienne. Ils lisent l'un en l'autre cette souffrance du manque et le devoir de renaître. Parfois, lorsque son père s'assoupit sur le canapé, elle le couvre pour qu'il n'attrape pas froid. Stéphane n'est lui-même pas avare de ces gestes qu'il aurait par le passé jugés trop démonstratifs, trop impudiques. Il a fait le choix d'une affection assumée.

Leur quotidien est aussi ponctué par une succession de tâches manuelles. Stéphane a vendu la maison de Saugny. Il sait qu'il devra bientôt travailler. Léa a brûlé le sac d'argent que son frère cachait dans la maison du malheur. Beaucoup d'argent parti en fumée, une fumée verte et rouge, couleur d'apocalypse. C'est bien ainsi.

Selon Kamel, à Saugny, rien n'a vraiment bougé, il semblerait plutôt que ce soit le reste du territoire qui se mette « à niveau ». Fred a été remplacé, le business continue sournoisement. Kamel a intégré son école à Lyon, son frère Samir a récupéré sa chambre d'étudiant et travaille pour un électricien d'un quartier du nord-est.

Ils dialoguent par mail régulièrement. Kamel a souvent besoin de l'assentiment de Stéphane. Lui se plaît à le conseiller, à lui donner son avis, modestement, avec réserve. Léa échange aussi avec Kamel. Cela réconforte Stéphane, sans qu'il ne sache trop se l'expliquer.

Finalement, Stéphane trouve un emploi de chef de projet à mi-temps dans la mairie de la ville du coin. Du provisoire, se dit-il. On verra bien. Léa va reprendre ses études. Elle songe à la philosophie. Elle est mignonne avec ses nouvelles lunettes et ses petits airs de fille modèle qui lui rappellent l'enfant qu'elle était. Un soir, il la surprend en train de se balancer dans la grange, entourée de livres. Dans sa main gauche, un petit carnet, et entre les doigts de la main droite, un stylo. Léa prend des notes. Stéphane sourit, et sent un verrou qui explose en lui : il comprend qu'il n'est plus en colère.

Composition :
L'atelier des glyphes

Achevé d'imprimer en mars 2013 par EMD S.A.S. – 53110 Lassay-les-Châteaux
N° d'impression : 27935 – Dépôt légal : mars 2013

Imprimé en France